AGATHOCLES
ET
MONK,
ou
L'ART D'ABATTRE ET DE RELEVER
LES TRONES.

AGATHOCLES
ET
MONK,
OU
L'ART D'ABATTRE ET DE RELEVER
LES TRONES.

par Jh. Phélepon, prêtre instituteur à Orléans.

A ORLÉANS,

Chez JACOB l'aîné, Imprimeur.

A PARIS,

Chez JOHANNEAU, Libraire, rue du Coq-Honoré, vis-à-vis le Café des Arts.

CINQUIÈME ANNÉE RÉPUBLICAINE.

Table

introduction analytique . p. 1.

Art. 1. origine des Sociétés, économie
e la nature, et le des gouvernemens
p. 3.

Ar. 2. de l'homme   p. 6

Ar. 3. comment on arrive aux
révolutions   p. 11.

Ar. 4. des révolutions en général p. 11.

Ar. 5. comment les révolutions
commencées par plusieurs
tombent dans le pouvoir d'un
seul   p. 16.

Ar. 6. qu'un chef de révolution
ou de faction se plait dans des
circonstances effrayantes   p. 18

Ch. 7. des moyens de consommer une revolution   p. 2c

Ch. 8. de la moderation et de la Clemence dans les auteurs de revolution et dans les chefs de faction   p. 2c

Ch. 9. de l'effusion de sang lente et repetée   p. 2_

Ch. 10 de l'effusion de sang passagere et violente suivie immediatement du partage des terres   p. 3n

Ch. 11. qu'un chef de revolution ou de faction doit être seul a fonder une republique ou a la coordonner   p. 3

Ch. 12. de lô Stoïcisme   p. 40

Ch. 13. du passage de l'anarchie révolutionnaire a un régime d'ordre et de liberté   p. 41.

Ch. 14. que la domination d'une faction sur l'autre conduit à la longue a un despotisme organisé & permanent   p. 44.

Ch. 15. de César et de Cromwel. p 48

Ch. 16. Comment une révolution prend un cours retrograde lorsque le chef en est mort et que le parti républicain lui survit   p. 54.

Ch. 17. Comment une révolution prend une marche retrograde lorsque

Son chef est renversé par une faction de sa faction. — p. 5

Ch. 18. De Lambert — p. 6

Ch. 19 que le rump-parlement fut l'auteur de sa ruine — p. 6

Ch. 20. que le passé est perdu pour l'avenir — p. 6

Ch. 21. qu'il n'est pas possible d'arrêter une révolution dans sa marche rétrograde — p. 67

Ch. 22. Suite — p. 7

Ch. 23. de l'esprit de faction — p. 7

Ch. 24. Comment on arrête le parti populaire — p. 7

n. 25. Comment les royalistes mettent le peuple dans leur parti p. 77.

n. 26. que ce n'est pas assez ur les royalistes de mettre le uple dans leur parti qu'il faut ou epurer les chefs de l'armée p. 80.

n. 27. Complement de la mesure Monk. p. 82.

n. 28. qu'il n'est plus tems de rmer quand on n'a plus le pouvoir quon est pres de le remettre p 83.

n. 29. de Monk et de ce qui roit arrivé s'il eut accepté le

protectorat des mains des
républicains   p. 86
Ch. 30. des peuples modernes
de l'Europe   p. 88.

INTRODUCTION
ANALYTIQUE.

La tyrannie des princes n'eſt jamais fâcheuſe que par la molleſſe & la ſtupidité des peuples. *Cromwel dans Clarend.*

Les auteurs d'une révolution dont le but politique eſt l'égalité, ſont forcés de s'adjoindre le peuple, & de ſe ſervir de ſa force (*a*). *Ariſt.*

(*a*) Toute la théorie des révolutions découle de cette vérité : dans les choſes qui ſont relativement à l'homme, le plus ou le moins de lumieres, pour ne pas parler du plus ou du moins de partialité, l'empêche de voir les mêmes objets ſous les mêmes rapports. Or l'inſtruction du peuple ſe modifie à l'infini dans cet eſpace immenſe qui ſépare l'homme lettré d'avec l'homme illettré : le peuple en maſſe ne peut donc juger & penſer comme ſes chefs, qu'au moyen d'une impulſion donnée d'où dérive l'eſprit public ; mais ne voyant pas les choſes dans cet enſemble avec lequel elles ſe préſentent à ſes chefs éclairés, & porté d'ailleurs à ſuſpecter leur ambition, & à croire que ſes jugemens, ou les jugemens des orateurs qui ſe ſont élevés dans ſon ſein, ſont les plus droits & les meilleurs, il s'élève contre la direction donnée à ſes paſſions par ces hommes de génie qui l'ont mis en mouvement, & les écraſe de ſa formidable maſſue. C'eſt ainſi que le peuple d'Argos, ſoulevé contre les optimats par ſes orateurs républicains, renverſa ceux-ci après le triomphe, & les mit à mort, parce que ne pouvant ſaiſir l'enſemble de leur politique, il les regarda bientôt comme des traîtres à la patrie.

Et ſi la diſſidence des opinions diviſe les auteurs

(2)

Ce fut un assez beau spectacle dans le siecle passé, de voir les efforts impuissans des Anglais pour établir parmi eux la démocratie : comme ceux qui avoient part aux affaires n'avoient point de vertu, que leur ambition étoit irritée par le succès de celui qui avoit le plus osé, que l'esprit d'une faction n'étoit réprimé que par l'esprit d'une autre, le gouvernement changeoit sans cesse : le peuple étonné cherchoit la démocratie, & ne la trouvoit nulle part. Enfin, après bien des mouvemens, des chocs & des secousses, il fallut se reposer dans le gouvernement même qu'on avoit proscrit. *Montesq.*

---

d'une révolution, comme il arrive toujours, lorsqu'elle est opérée par l'intrigue & l'ambition, alors quelle incohérence, quelle contrariété dans l'impulsion donnée aux esprits ! quelle confusion dans l'opinion ! que de factions sorties des querelles des chefs, divisent, tourmentent, déchirent le peuple ! & que de formes différentes prend le gouvernement, au gré des divers partis successivement victorieux ! . . . .

Il résulte de ces réflexions, qu'il n'est qu'un moyen d'opérer une révolution, c'est de la conduire de suite à son dernier terme, comme firent Lycurgue, Agathocles, Cléomènes, Gélon & quelques autres : autrement, on est emporté & mis en pièces par le tourbillon révolutionnaire dont on a soi-même rassemblé les élémens ; & l'on

Les auteurs d'une révolution qui ont sappé jusque dans ses fondemens l'ancien édifice politique, se creusent leurs tombeaux de leurs propres mains, s'ils agitent parmi eux les brandons de la discorde. Quelques Syracusains que séduisoit l'attrait de la puissance, conspirèrent contre Thrasybule, sans conspirer contre la tyrannie ; & les républicains mettant à profit l'occasion, renversèrent & le tyran, & ces hommes ambitieux qui avoient osé donner au peuple le signal de l'insurrection.

Dion qui avoit levé une armée, & appelé le peuple aux armes contre Denys, le chassa de son trône; mais il fut tué peu de temps après par un parti plus fort que le sien, & qui s'en étoit détaché (*b*). *Arist.*

---

a, de plus, à se reprocher d'avoir attaché aux flancs de la patrie l'hydre vorace, l'hydre infatiable des factions

(*b*) C'est le spectacle que présentèrent les Anglais après les Florentins. L'intrigue qui avoit commencé la révolution, y avoit placé l'esprit de discorde : aussi l'on vit les Presbytériens modérés renverser le parti royaliste, de concert avec les Presbytériens républicains & les indépendans ; les républicains unis aux indépendans renverser les Pres-

a ij

L'esprit de clémence ne peut exister au milieu d'une victoire civile. *Suppl. de Tite-Live.*

Les Agrigentins ont étendu leurs vengeances sur la mère & les courtisans de Phalaris : ils ont péri, dévorés par les flammes. *Elien.*

L'épouse, les filles & le plus jeune des fils de Denys viennent de périr tous ensemble de la mort la plus lente & la plus douloureuse. Les Locriens les ayant arrachés de la citadelle dont ils s'étoient rendus les maîtres, ils les dépouillèrent de leurs vêtemens, *& les exposèrent à la brutalité des désirs d'une*

---

bytériens modérés, & les indépendans enfin renverser les républicains.

Et comme le même esprit de discorde agitoit les chefs du mouvement rétrograde de la révolution, les Anglais finirent par revenir au point du cercle d'où ils étoient partis. Tels que les Syracusains qui, après le soulèvement de l'ambition contre le tyran Thrasybule, revinrent au gouvernement populaire détruit par Gélon; & qui de même, après le mouvement insurrectionnel de la liberté contre la tyrannie de Denys, retombèrent dans le sein du gouvernement détruit par Dion. – Il n'y a qu'une assemblée de dieux, ou qu'un chef vertueux & d'une antique énergie, qui pourra conduire à la liberté nos peuples de l'Europe.

(5)

populace effrénée (*c*). On les fit expirer, en leur enfonçant des aiguilles sous les ongles; on brisa leurs os dans un mortier ; les restes de leurs corps, mis en morceaux, furent jettés dans les flammes, ou dans la mer, après que chaque citoyen eût été forcé d'en goûter. *Voyage du jeune Anach.*

Phalaris & Denys ont fini par être les bourreaux, l'un de sa mère & de ses courtisans, l'autre de son épouse & de ses enfans.

Lorsque les peuples se portent à de si étranges barbaries, il faut remonter plus haut pour trouver le coupable, & couvrir leurs crimes provoqués par l'offense & l'outrage, du voile de l'impunité & de l'oubli (*d*). *Val. Max. Strab. El. Plu.*

(*c*) Ces mots en italique appartiennent tout entiers à l'abbé Barthélemy. On trouve dans tous les auteurs où a puisé cet écrivain célèbre, que c'est le peuple qui assouvit sur elles ses plus obscènes désirs, & même les plus riches d'entre le peuple, dont Denys avoit exposé les filles à la prostitution.

(*d*) Je ne vois que les masses des crimes révolutionnaires ; c'est aux lecteurs à reconnoître les crimes, ou des chefs, ou de leurs satellites, qui

Les Stoïciens difent qu'on ne peut être à-la-fois débonnaire & juste ; que c'est le propre d'un homme débonnaire de remettre les peines méritées, ou de les adoucir ; & que être doux & indulgent, c'est s'élever avec fcandale contre la juftice du Légiflateur, & l'accufer d'avoir porté des lois iniques. *Stob.*

Si Brutus & Caffius avoient bien étudié l'état des chofes où étoit Rome, ils n'euffent jamais tué le chef de la république, & ils ne fuffent pas ainfi devenus les auteurs de ces innombrables maux dont le poids les écrafa, eux & leurs concitoyens. *Dion Caffius.*

Si Cromwel ne s'étoit pas fait tyran, la nation Angloife fe feroit courbée fous le joug d'une puiffance étrangère. *Claren.*

Agathocles fe fit un trône en maffacrant le fénat & les plus riches d'entre le peuple. *Juftin.*

Il eft néceffaire de punir le crime : or, chez une nation fi populeufe, & fur-

---
fe font agglomérés autour de ces maffes, & à les en féparer.

tout au milieu d'une mutation de gouvernement, ce n'est point par des réprimandes fraternelles & par des supplices pour l'exemple, que la plûpart des hommes se corrigent ; mais la nécessité exige qu'on les retienne dans le devoir par l'ignominie, l'exil ou la mort. *Disc. d'Agrippa.*

La nécessité & la politique justifient tous vos actes : les meurtriers de votre pere en sont les seuls auteurs. Si Brutus & Cassius ne l'eussent point fait tomber sous leurs poignards exécrables, vous n'eussiez point pris les armes ; vous ne vous fussiez point uni avec Antoine & Lépidus ; vous ne vous fussiez point ensuite vengé de ces deux chefs de parti. Il n'est personne qui ne sache que vous avez agi en tout cela avec justice ; & que, si d'ailleurs vous êtes coupable de quelques fautes, vous attenteriez à votre sûreté propre, en voulant les corriger. *Disc. de Mecène à Aug.*

Sylla & César ne vous ont donné des terres que pour consommer la révolution dont ils furent les chefs, que pour avoir des défenseurs fidèles de leur gouvernement. *Disc. de M. Brutus.*

Ne souffrez point d'innovation dans le culte national : de nouvelles divinités ameneroient de nouvelles lois qui seroient autant de sources de conjurations, de rassemblemens, de conciliabules, & qui menaceroient le gouvernement d'une prompte destruction (*e*). *D. de Mec.*

Il importe à la durée des républiques que l'éducation & l'instruction soient en harmonie avec le génie du gouvernement : sans quoi il n'y a que désordre, qu'incohérence dans les esprits, qu'incontinence politique ; & dans la cité, que confusion & que discordes. *Arist.*

A l'exemple de Syracuse, toutes les autres villes grecques en Sicile firent une ligue contre les auxiliaires & les étrangers que Gélon & Hiéron avoient comblés de biens, & les chassèrent de leurs terres & de leurs maisons qui furent rendues ensuite aux anciens propriétaires. *Hist. de Syrac.*

(*e*) Ainsi de nouvelles lois sont évidemment en opposition avec un ancien culte ; & cet ancien culte les mine sourdement, & les détruit à la longue.

AGATHOCLES
ET
MONK,
OU
L'ART D'ABATTRE ET DE RELEVER
LES TRONES.

Régicides farouches, républicains par principes ou par enthousiasme, & leurs coopérateurs, soit d'action, soit d'inertie, ils furent tous, amnistiés ou non, condamnés à la mort, à l'exil, aux fers ou à l'opprobre.

Mutato nomine, de te Fabula narratur. HOR.

Changez le nom, c'est votre histoire.

CHAPITRE PREMIER.

Origine des sociétés, Economie de la nature, Cercle des gouvernemens.

LES hommes errans & sauvages ne pouvant, isolés comme ils l'étoient, opposer à la masse de résistance qu'ils éprouvoient de

A

la part des ennemis de leur sûreté individuelle une masse égale de forces, se réunirent en communauté : delà l'origine des sociétés.

La nature brute & ignorante les porta, par une suggestion abusive, à se choisir un chef ; & leur choix inexpérimenté se fixa sur le plus grand, le plus robuste, & le plus intrépide d'entre eux. Telles étoient les qualités que le sauvage Caraïbe recherchoit dans ses chefs : delà naquit la domination d'un seul.

Sous cette domination, produit d'une grossière inexpérience, un tact naturel leur apprit à louer ou à blâmer les actions de leur chef, utiles ou nuisibles à l'intérêt commun : le germe du juste & de l'injuste, jetté dans les esprits par sa conduite avantageuse ou préjudiciable à tous, se développa graduellement sous l'heureuse influence de l'hyménée & de l'éducation des enfans, & la royauté éligible fut constituée : il n'est que peu de peuples qui surent imposer aussitôt le joug des lois aux magistrats qu'ils s'étoient donnés.

Les premiers rois, créés par la voie de l'élection, l'ame pleine des principes sacrés de la liberté & de l'égalité, & non encore souillée du levain impur de l'avarice & de l'ambition, n'eurent, pour mobile du gouvernement, que le bien général ; & le peuple qui croyoit retrouver dans les enfans les vertus paternelles, laissa imprudemment l'éligibilité se tourner en hérédité.

D'abord son espoir ne fut point trompé; mais les connoissances s'étant accrues, la nature & ses biens ne suffirent plus pour remplir le vide du cœur de l'homme policé. L'art fut invoqué, & il vint au secours de la nature altérée par l'amour effréné de soi, qui commença par agiter tumultueusement l'ame du riche puissant. L'ambition & la violence mirent en fuite la modestie qui respecte les lois & la pudeur gardienne de la liberté : & les rois oubliant le pacte social encore informe, mais dont la fin étoit pourtant le bonheur commun, ne s'occupèrent que de leur bonheur privé : les peuples murmurèrent, & les rois par crainte des peuples étendirent sur eux le sceptre du plus fort.

Et des hommes d'une vertu âpre & républicaine, ne pouvant se courber patiemment sous le joug, transmirent aux peuples leur haine pour la tyrannie, & les appelèrent aux armes & à la liberté. Les trônes s'écroulerent; les tyrans furent ou tués ou exilés; & les peuples, pour honorer la vertu des tyrannicides, leur partagèrent la principauté.

La justice les dirigea: le bien public fut leur idole; mais leurs enfans oubliant l'égalité civile corrompirent l'aristocratie: leur gouvernement dégénera en oligarchie; & par leurs rapines & leurs vexations ils appelerent sur leur sein l'epée vengeresse des peuples, & ils en furent frappés comme les tyrans.

C'est alors que les peuples se ressouvenant du despotisme des rois, & furieux contre le gouvernement aristocratique, reprirent l'autorité suprême dont ils avoient, sans aucune garantie, confié l'exercice à des délégués infidèles. Ils dressèrent le pacte social d'après les lois de la nature, & constituèrent la démocratie.

Et tant que des hommes énergiques, & nés de loin en loin, coupèrent le fil des conspirations, ou éteignirent les torches de la sédition, & ramenèrent les institutions dégénérées à leurs principes par des exemples sanglans

& justes, autant que nécessaires ; la trahison fut comprimée ; l'avarice & l'ambition furent réprimées, enchaînées ; & les peuples que peu de lois gouvernoient, & dont le joug leur étoit sacré, maintinrent leur égalité avec la liberté. Mais quand les ressorts de cette mâle énergie eurent, par leur relâchement, laissé la corruption s'inoculer, pour ainsi dire, aux saintes institutions de la république, des citoyens ambitieux mirent en mouvement les passions populaires, jettèrent le soupçon ou le ridicule sur des hommes d'une vertu trop dure & trop âpre pour les temps où ils étoient nés, & les lois plus foibles que les factions se multiplièrent vainement ; tous les liens de la morale se rompirent, les meurtres désolèrent les états, & les peuples leurrés par des largesses liberticides, & las de vivre dans un état de guerre continuelle, se jettèrent dans les bras d'un maître.

Et ils recommencèrent le cercle des gouvernemens qu'ils avoient graduellement parcourus, parce que la démocratie avoit cessé pendant quelque temps d'être ramenée à son état primitif, ou par des accidens, ou par des exemples terribles, ou par des hommes enfin dont le génie vertueux, attachant sur eux l'estime universelle, eût comprimé l'envie du pauvre, l'ambition & l'orgueil du riche, les fureurs du déclamateur ignorant, & les complots des méchans.

CHAPITRE II.

De l'Homme.

Les anciens ont dit, & les modernes ont répété que l'homme est composé de deux natures : l'une, pour ainsi dire, céleste, qui l'élève victorieux de ses passions jusques dans le sein du Dieu de la nature ; l'autre, esclave des sens, qui l'abaisse vers la terre, centre de ses voluptés & de ses peines. J'ajouterai à cette vérité quelques développemens.

L'homme à sa naissance reçoit pour sa conservation le désir & la crainte. Dans l'état de nature, isolé comme l'enfant, & n'ayant guère plus de rapport avec le reste de ses semblables, il conserve ces deux sentimens sans presque aucune modification : dans l'état de société, il les divise en d'autant plus d'espèces qu'il a fait plus de progrès dans l'état de la civilisation ; mais de tous les sentimens émanés du désir & de la crainte il n'en est point de plus funestes, soit à l'homme, soit aux peuples, que l'intérêt & l'ambition qui leur ouvrent vers le bonheur & le malheur des routes nouvelles & multipliées. C'est l'intérêt & l'ambition qui ont conduit Athènes & tous les peuples anciens, & qui conduiront tous les peuples modernes, par des chemins de fleurs, au plus haut point de la splendeur & de la gloire, & à travers des épines & des ronces sanglantes, au dernier terme de la dégradation & de l'avilissement.

Il connoissoit bien le cœur humain cet ancien qui le premier a dit que l'homme probe, armé de l'anneau de Gygès, iroit au plaisir & se soustrairoit à la douleur par les sentiers de l'injustice; & l'anneau de Gygès n'est autre chose que l'absence des lois & des institutions Le désir & la crainte soumis à la seule impulsion de l'instinct, seroient dans la société les sources de l'injustice & de toutes les tyrannies : la force & la foiblesse d'un homme seroient en raison de la foiblesse & de la force d'un autre homme ; mais refrénés par les lois, ils sont les sources de la justice & de toutes les vertus : & pour donner à ces idées toute la clarté dont elles sont susceptibles, Milon de Crotone qui, s'enserrant les mains dans l'arbre qu'il vient d'éclater, périt par l'abus de sa force, seroit l'image de l'homme civil au sein de la nature ; & Théopompe qui remet entre les mains des Ephores une partie de sa force, pour ajouter à celle qui lui reste la force de tout le peuple contre ses ennemis, s'il lui en survenoit, est l'image au contraire de l'homme qui se defait de sa liberté naturelle pour acquérir la liberté civile. Il s'ensuit que l'homme a une tendance involontaire vers sa première indépendance, & que les lois sont les modératrices du désir & de la crainte. Les lois n'eussent point défendu à l'homme social de vivre à sa volonté, si n'étendant pas ses affections que sur lui-même, il n'eût pas été naturellement porté à une injustice réciproque de l'un envers l'autre : ce n'est que par les lois, que par la vigueur des institutions, que dans les principes d'une éducation nationale, qu'il prend assez de vertus pour diriger vers le bonheur commun, ou ce qui est la même chose, vers la liberté & la sûreté de tous, cet amour de soi qu'il a reçu pour sa conservation. Dès que les lois ne sont plus pour lui les règles de la justice, dès que les institutions ont cessé d'être les nourrices jalouses, les nourrices sévères de l'opinion, il se resserre dans les deux sentimens du désir & de la crainte qui, dans les guerres nationales, qui, dans la lutte terrible des factions, produisent tous les mouvemens dont les peuples sont agités : alors ne songeant plus qu'à sa sûreté propre, les sources de ses vertus sont arrêtées dans leur cours ; les liens de la morale sont rompus ; les lois émanent de la volonté du fort ; la politique n'est plus fondée que sur la perfidie & la violence ; la raison enfin est sous le joug de toutes les passions. Que l'amitié vertueuse s'exile d'une terre que dévorent tous les maux ! les relations du cœur n'attachent plus les hommes de leurs nœuds doux & divins ; c'est le désir & la crainte, également ou inégalement modifiés, qui les rapprochent, les unissent ou les divisent. Ce ne furent pas les vertus qui réunirent Sertorius à Marius, Sylla à Catilina, Brutus à Albinus ; mais le désir & la crainte. Ce furent encore le désir & la crainte qui, après le meurtre de César, entraînèrent au capitole les pas d'Octavius & de Lentulus Spinther ; & le principe de la diffidence du tribun Octavius avec son collègue Tiberius ne fut pas dans son cœur, mais dans une mauvaise honte émanée de cet égoïsme originel, qui se compose du désir & de la crainte.

Législateurs, comment, dans cet état des choses, fonder les républiques, ou les réordonner ? Est-ce par les lois & la raison, lorsque la raison & les lois sont impuissantes ? Ah ! la république de Solon s'est perdue dans la domination de Pisistrate ; & le constitutionnel Octavius a, par sa sagesse, courbé sa patrie sous le joug du révolutionnaire & forcené Marius. De grands hommes ont cru indispensable de se constituer temporairement en tyrans vertueux, pour régénérer leur patrie, tels que Lycurgue, Romulus & Cléomènes ; & les Mityléniens & les Eubéens chez les peuples anciens, & les Danois chez les peuples modernes, se sont donnés des tyrans légitimes pour les réorganiser politiquement.

CHAPITRE III.

Comment on arrive aux Révolutions.

Lorsque dans une république, quelle que soit sa nature, le vice & la vertu changent d'aspect & de nom au gré de ceux qui sont à la tête des affaires, les peuples touchent à une révolution. Je ne parlerai point des révolutions subversives de la démocratie, parce qu'elles se confondent dans un certain point avec celles destructrices de la royauté.

CHAPITRE IV.

Des Révolutions en général.

L'intrigue & le vice ont commencé presque toutes les révolutions. Cette assertion qui n'a point de contradicteurs, me conduit à en avancer une autre qu'on trouvera sans doute hardie, mais qu'on ne pourra détruire ; c'est que l'intrigue ni le vice n'ont jamais pu resserrer les révolutions dans de juſtes limites. Les révolutions opérées par la vertu ſont les ſeules qui aient mene les peuples à la liberté, encore n'eſt-ce pas toujours? J'en ai cherché la cauſe, & je me ſuis convaincu que les peuples qui ont ſecoué le joug de leurs rois, après une tentative au-deſſus de leurs forces morales, reviennent, entraînés par la force irréſiſtible des antiques préjugés, au gouvernement contre lequel ils ſe ſont inſurgés : j'en atteſte les annales anglaiſes! & que les peuples libres, ſans modeſtie & ſans pudeur, fiers & vains, ambitieux & violens, tombent inévitablement dans les bras d'un maître, à travers des demi-ſiècles ou des ſiècles entiers de factions, ſans que le patriotiſme farouche & la vertu modeſte aient d'autre pouvoir que d'en ſuſpendre un moment le cours impétueux & dévaſtateur. Témoins Sylla & Timoléon. A peine furent-ils dans le tombeau, que Rome vit Céſar, que Syracuſe vit Agathocles s'élever ſur des cadavres, l'un à la dictature, l'autre à la royauté, & tous deux à la tyrannie. Je me ſuis convaincu d'ailleurs, & c'étoit l'opinion d'un moderne Légiſlateur, qu'il n'y a qu'un chef énergique & vertueux qui puiſſe faire

ſervir

servir à la cause publique les mouvemens des peuples contre leurs tyrans. Junius Brutus dans Rome, Thrasybule dans Athènes, Timoléon à Syracuse, Pelopidas à Thèbes, dirigèrent les insurrections contre les oppresseurs de ces républiques célèbres ; & le succès couronna leurs efforts, parce que seuls ils donnèrent l'impulsion à l'esprit public, & que les citoyens à la tête desquels ils s'étoient mis étoient vertueux encore, ou que le souvenir de leur gloire passée leur rendant cette chaleur du sang, cette élévation d'esprit, qui dans les temps de leur vertu avoient enfanté leur gloire, ils redevenoient momentanément ce qu'ils avoient été, magnanimes & justes.

Voyez au contraire le spectacle affligeant que donnent aux nations insurgées les Romains du temps de Marcus Brutus, & les Grecs sous les successeurs d'Alexandre. En vain ils veulent reprendre leur place parmi les peuples libres. Les dogmes religieux sont pour eux une fable, les lois une tyrannie, les factions un besoin ; & les passions de la multitude sont agitées en sens contraires par les républicains enthousiastes & par les optimats ou hommes de bien. Malheur aux hommes qui, se renfermant dans le rôle de spectateurs inquiets, attendent, pour se déclarer ouvertement, que la fortune leur montre le vainqueur ! Lorsque le mal des factions commence, ne point se prononcer, c'est trahir sa patrie : lorsqu'il est à son comble, & qu'il emporte les citoyens au tombeau, vivre dans l'insensibilité & ne songer qu'à soi, c'est se réjouir des calamités publiques. Malheur encore à ceux dont l'exaltation dégénérée en défaut a produit cette modération qui est la fille de la lâcheté, de l'indolence & de la mollesse ! Dans la lutte obstinée & terrible de deux factions ennemies, la raison des peuples, devenue aveugle ou fallacieuse, a perdu sa droiture, & ne les mène plus à la prudence. L'exaltation n'est plus cette fierté de sentimens d'où naissent le courage & la magnanimité ; elle est cette irascibilité d'esprits qui n'enfante que la témérité, l'ambition & la cruauté. Les hommes d'un caractère rude & âpre ne peuvent plus rien, dès ce moment, pour la cause qu'ils ont embrassée. Leurs discours dictés par la vérité dure aigrissent les esprits du peuple que le reproche d'une erreur exaspère encore plus qu'une calamité, & qui se croit toujours insulté, méprisé par l'orateur qui lui parle trop librement & avec autorité. Ils s'épuisent en efforts inutiles, pour arrêter le char de la révolution qui menace de franchir les limites qu'ils lui ont assignées. Un peuple qui, si j'ose ainsi m'exprimer, relève de tyrannie, n'a pas plutôt mordu le frein de la liberté qu'il le brise, en vouant à la haine les noms de ses libérateurs mêmes. Ce n'est pas assez pour lui qu'ils aient changé ses lois & renversé ses oppresseurs, avide de nouveautés, il veut changer & sa religion & les propriétés.

Et les Métellus, le cœur oppressé de tristesse, fuient une patrie où ils voient les Octavius apporter dans les conseils cette sage lenteur, cette marche, ces formes constitutionnelles qui ne conviennent qu'aux temps calmes; & se livrer ainsi, pieds & mains liés, ensemble avec tous les hommes de bien, au pouvoir d'une faction audacieuse.

Et le sage voyant les riches ceder aux sentimens du désir & de la crainte, & transfuge de la cause des vaincus s'attacher au char du vainqueur, s'écrie avec Hercule dans son bûcher, que la vertu est dépendante de la fortune; & avec Brutus, qu'elle n'est qu'un vain nom.

CHAPITRE V.

Comment les Révolutions commencées par plusieurs retombent dans le pouvoir d'un seul.

Les hommes inquiets & turbulens, qui commencent les révolutions, ne peuvent les opérer que concurremment avec les citoyens qu'ils ont mis dans leur parti; & comme les mêmes mœurs, le même tempérament & les mêmes désirs ne sauroient se rencontrer parmi une société d'hommes dont la naissance, l'éducation & les intérêts ne sont pas les mêmes, ils se divisent nécessairement en partis.

Mais je veux qu'une concorde inaltérable règne entre eux : ce n'est que d'un pas mal assuré qu'ils iront au but qu'ils se sont vaguement proposé; & se modelant sur Thémistocle & Périclès, au lieu d'être impétueux comme Aratus, ils adapteront leurs mœurs aux mœurs du peuple; ils s'étudieront à preffentir fes affections, comme fi dans les temps tumultueux d'une infurrection, lorfque l'ancien édifice conftitutionnel croule de toutes parts, on pouvoit lentement marcher à l'autorité; enfin ils ne pourront ni reculer, ni même s'arrêter au gré de leurs défirs; & dans un intempeftif refpect des préjugés publics, ils traverferont d'eux-mêmes tous leurs deffeins.

Et il s'élevera du milieu d'eux un homme d'un génie audacieux, qui trouvant la révolution gênée dans fes mouvemens, en reculera les limites : & loin de fe regarder fur la fcène où il s'eft élancé, comme un acteur dont le rôle affujetti fe borne à donner, pour ainfi dire, de l'expreffion & des mœurs aux paroles que lui fuggère & lui dicte le poëte, il imprimera hardiment aux paffions du peuple un mouvement convenable à la nature du gouvernement qu'il veut établir; & le peuple, plus vigoureux que jamais, courra, fur les pas de ce nouvel athlète, dans la carrière révolutionnaire, plus vafte, plus étendue; & il l'appuiera de fa force envers tous & contre tous.

CHAPITRE VI.

Qu'un Chef de révolution ou de faction se place dans des circonstances effrayantes.

Les crimes sont inhérens aux révolutions ; ils sont inhérens aux dissentions civiles. Les meurtres commis sur les Polémarques Thébains & ceux de leur faction par Pélopidas ; sur les émissaires & les chefs des exilés d'Athènes par Thrasybule & le peuple ; sur les épouses & les filles d'Icetès, sous les yeux de Timoléon, par le peuple Syracusain, n'appartiennent point à ces héros de révolution. Si je remonte plus haut, j'en trouve les coupables, à Thèbes, dans Léontidas, Archias & Philippus ; chez les Athéniens, dans Critias & ses complices ; à Syracuse, dans le tyran de Léonte. Les proscriptions sanglantes de Sylla, les épouvantables carnages de Jules César n'appartiennent pas davantage à ces terribles chefs de faction. Pompée, vainqueur de César, eût été le tyran de Rome ; Caton se fût enfermé de même dans la tombe du vaincu, pour ne pas survivre à la liberté de son pays ; & Brutus eût tout de même aussi plongé son poignard dans le sein du vainqueur.

Que dirai-je enfin ? Cinna, Marius & Carbon que je regarde comme les funestes produits des barbares fureurs des optimats contre les Gracques, furent les auteurs des cruautés de Sylla ; & le Sénat & Cicéron par leur partialité envers Pompée, par leur aversion pour César, donnèrent le signal de cette guerre civile de vingt années, dont le fer assassin moissonna tant de Romains généreux. Mais une faction dominée ne voit dans la faction dominatrice que d'implacables bourreaux, que des assassins de la liberté publique ; mais d'ambitieux usurpateurs de l'autorité souveraine, ne voient dans de vertueux tyrannicides que d'horribles meurtriers. Delà l'esprit de vengeance & les haines entre les citoyens ; delà les périls continuels des chefs de faction & des auteurs de révolution, qui, cruels, ou contre leur volonté, comme Dion, Timoléon & Brutus ; ou par nécessité, comme Agathocles, Sylla, César & Cromwel, marchent à leur but entre la mort & l'immortalité, entre le succès & la ruine, selon les moyens qu'ils emploient.

CHAPITRE VII.

Des Moyens de confommer une révolution.

LES auteurs de révolutions ont différé dans les moyens de les confommer; mais j'ai vu que la clémence & la modération, que l'effufion de fang lente & répétée par intervalle, & que l'effufion de fang paffagère & violente, immédiatement fuivie du partage des terres, ont par-tout produit chez tous les peuples les mêmes événemens, les mêmes fuccès, heureux ou malheureux.

CHAPITRE VIII.

De la Modération & de la Clémence dans les Auteurs de révolution & dans les Chefs de faction.

LE fouvenir d'une injure eft éternel; & vouloir, à force de bienfaits, en porter l'oubli à l'homme qui l'a foufferte, c'eft ne connoître pas les paffions dont il eft l'esclave au sein de la société. Le souvenir d'un bienfait se lie dans son imagination avec le sentiment de sa foiblesse, & son amour-propre humilié s'en irrite. Le souvenir d'une injure publique, & non vengée, s'y mêle à l'idée humiliante d'avoir fixé sur sa tête le soupçon d'une lâche timidité ; & il ne veut point paroître pusillanime.

La cause de la ruine de Dion sera celle de la ruine de tous les auteurs de révolution, qui oseront essayer de régénérer des peuples esclaves ou libres & corrompus.

Les Syracusains couroient, sur les pas d'Héraclide, dresser un bûcher dévorant à la liberté renaissante. Pleins de haine contre leur général, ils le forcèrent à l'exil, les armes à la main.

La fortune de Syracuse l'avoit suivi dans sa retraite sur les terres des Léontins. Aux cris de la patrie en péril, à la voix d'Héraclide & de tous les factieux abattus & consternés, il vole avec ses mercenaires vers un peuple trop ingrat. Des acclamations unanimes marquent son arrivée : il marche à l'ennemi qui sembloit vouloir ensevelir le trône chancelant de la tyrannie dans les ruines de la ville ; il le met en pleine déroute, & décide les Dieux en faveur de la liberté.

Lorsque le jour reparut, les démagogues orateurs avoient fui dans un exil volontaire, à l'exception d'Héraclide & de Théodote, qui s'étoient remis au pouvoir de Dion, certains de désarmer sa colère par l'aveu de leurs fautes. Comme ils le prioient d'oublier leur ingratitude, les amis de Dion lui conseilloient fortement d'être implacable envers les méchans, d'abandonner Héraclide aux soldats, & d'extirper ainsi de la république l'ambition populaire, maladie non moins violente que la tyrannie. Sa clémence l'emporta: il rendit ces factieux à la liberté. Quand il voulut ensuite établir son gouvernement, il parut, en connivant au meurtre d'Héraclide, regretter de n'avoir pas imité plutôt le prudent Romulus; mais il n'étoit plus temps alors d'immoler son turbulent rival: il n'y avoit plus de remède sûr à appliquer au mal; l'esprit public étoit en sens inverse de l'esprit de ses lois, & le peuple avoit déjà répété tout haut ce que lui avoit suggéré son chef, que Dion n'avoit renversé Denys de son trône que pour régner à sa place. Héraclide eut dans Callipe un successeur: Dion assassiné n'eut pas même un vengeur, & la tyrannie reprit dans Syracuse son sceptre ensanglanté.

Si je réunis sous un même point de vue les divers tableaux des événemens révolutionnaires représentés sur la scène du monde, & par les peuples anciens, & par les peuples modernes, je me convaincs que la modération & la clémence enfantent les guerres civiles, & fraient le passage à la tyrannie.

La modération & la clémence signalèrent la victoire civile de Thrasybule. Pélopidas eût sans doute amnistié les trois mille; mais il eût immolé sur-l'heure aux manes des Théramènes & des Nicératus, aux manes plaintives des républicains égorgés par Critias, ses complices féroces, & les onze & les dix qui avoient commandé au Pirée: Thrasybule se contenta de vomir dans Eleusine les tyrans de sa patrie.

Et l'esprit de faction & de vengeance les suivit, les agita dans leur exil; & se servant dans Athènes des armes dont s'étoit servi dans Rome Tarquin-le-Superbe, je veux dire les armes de la séduction & de la calomnie, ils n'attendoient, pour secouer dans Athènes les brandons de la guerre civile, que le signal de leurs farouches émissaires, chargés de rattacher les amnistiés à la cause de la tyrannie.

Le génie d'Athènes la sauva seul de l'horrible dévastation dont elle étoit menacée : les agitateurs se prirent dans leurs propres filets ; Thrasybule courut aux armes, les mit à mort, & se portant avec le peuple en masse sur la ville d'Eleusine, sourd à la voix de l'humanité, & cédant à la nécessité d'une politique immorale & cruelle, il extermina dans une entrevue tous les chefs de l'armée rebelle.

Et sa clémence s'étoit ainsi tournée en une sorte de barbarie. Si moins humain en apparence, il eût frappé les tyrans le jour même de son triomphe, quelques-uns des trois mille n'eussent point été enveloppés dans la ruine des exilés ; il eût versé moins de sang.

Cicéron ! je t'évoque du tombeau, parle : Qu'a produit ce discours si sage & si plein de raison, que tu prononças dans le temple de Tellus, & que je voudrois que tous les auteurs de révolution répétassent à tous les peuples insurgés, si la sagesse & la raison
pouvoient

pouvoient diriger avec fruit le premier mouvement d'un peuple contre ses tyrans. Ce n'étoit point Thrasybule jettant sur les trois mille le voile de l'amnistie, qu'il te falloit invoquer, & que tu devois imiter pour le salut public ; c'étoit Thrasybule raffermissant sur ses bases la république chancelante, par quelques actes sanglans & nécessaires : mais non, par ton discours aussi peu accommodé aux circonstances, que dis-je, plus encore déplacé que la harangue des députés d'Aristion à Sylla, tu entraînas le Sénat à porter un décret d'amnistie commun aux ennemis & aux amis de la liberté. Par ce funeste & trop fameux décret, tu enlevas aux meurtriers de César une vraie puissance, la considération dont ils s'étoient environnés par leur acte héroïque ; tu ne laissas entre les mains de Brutus que le glaive dont il se tua.

Ne dis plus, ô Romain dégénéré ! « La patrie que j'ai sauvée tant de fois, me verra mourir. — *Moriar in patria sæpè servata* ». Un grand homme a déjà su apprécier tes nones de décembre, & je vais aujourd'hui achever de te peindre, d'après nature, aux yeux de la postérité. Cothurne

C

ridicule, chauffé par tous les chefs de parti, tu combattis tour à tour à côté des ennemis & des amis du peuple, non pas pour la caufe de la tyrannie ou de la liberté, mais pour toi, mais parce que tu craignois la pauvreté, l'exil ou la mort. Rome te doit fon Clodius, fon Céfar, fes Triumvirs, fon Augufte, tous fes tyrans & tous leurs forfaits. Fût-elle donc fi fortunée de renaître fous ton confulat ? Et fi tu l'environnas dans fa renaiffance de plus d'élémens de féditions que n'en renfermoit fon fein vieilli, fût-elle jamais fauvée par toi ? Ah ! crie plutôt d'une voix forte & retentiffante aux oreilles des Brutus de mon fiècle & des fiècles à venir ce que tu dis avec raifon à ce dernier Romain, mais lorfqu'il n'en étoit plus temps, « *que la clémence enfante les guerres civiles* »; dis-leur que Q. Sertorius par fa modération fut autant coupable que Marius & Cinna par leurs cruautés, des profcriptions de Sylla; dis-leur fur-tout que la clémence de Céfar attira fur fon fein les poignards des conjurés Romains : & moi, pour appuyer ces effrayantes affertions d'un exemple du dernier fiècle, je leur crierai à mon tour que la modération de Cromwel qui, pour ne paroître chercher que la liberté dans la mort de Charles premier, ne voulut point abandonner aux Cassius de son temps les amis du tyran & de la tyrannie, fut le principe de cette révolution qui ramena Charles Stuart sur le trône de son pere.

CHAPITRE IX.

De l'Effusion de sang lente & répétée.

C'ÉTOIT l'opinion de Critias que, pour constituer son oligarchie sur les ruines du gouvernement populaire, il lui falloit mettre à mort tous les dissidens. Ainsi, suspendant le glaive de la terreur jusques sur la tête de ses collègues, il avoit accusé devant le Sénat Théramènes de conspirer contre la sûreté de l'Etat. Théramènes mit sous les yeux de ses juges le tableau de sa vie politique; & lorsqu'il eut fini de parler, un murmure d'approbation s'éleva de toutes parts dans l'assemblée. Critias avoit tout prévu : il sort, comme pour parler à quelqu'un des trente; & tout-à-coup une jeunesse impétueuse, le tyran à sa tête, s'élance, armée de poignards, à la barre du

Sénat ; & d'horribles satellites entraînent à la mort, à la vue des Sénateurs immobiles d'épouvante, l'infortunée victime révolutionnairement jugée & condamnée.

Athènes etoit dans l'effroi : elle voyoit les jours se succéder au sein des meurtres & des spoliations. Quatorze cents citoyens avoient bu la ciguë ; cinq mille étoient exilés, & Sparte s'applaudissoit, dans une joie barbare, de la solitude affreuse de cette république rivale, lorsque Thrasybule se portant de Thèbes sur sa patrie éplorée, la délivra de l'oppression dans laquelle elle gémissoit.

Critias semble s'être modelé sur Appius: Comme le décemvir romain, il voua à la justice les premiers jours de sa puissance : comme lui, il s'entoura d'une jeunesse violente & qui préféroit sa licence propre à la liberté de tous : comme lui, il divisa le peuple en opprimés nombreux & en une poignée d'oppresseurs privilégiés : comme lui enfin, il n'éleva qu'une tyrannie impuissante & ridicule.

Que les yeux des chefs de révolution qui essayeront de créer une monarchie, ou de faire sortir une république du chaos des factions, se fixent sur Agathocles. Politique habile, il ne fit peser l'oppression que sur une minorité opposée au gouvernement populaire, & il la frappa d'un seul coup. Sa cruauté ne parut être que l'exercice violent & momentané d'une police extraordinaire, favorable au peuple, mortelle aux ennemis de la démocratie ; & ceux des optimats échappés au massacre , voyant que l'orage ne reviendroit plus se former sur leurs têtes, trop foibles d'ailleurs pour oser conspirer, se soumirent au nouvel ordre des choses.

La leçon d'Agathocles fut perdue pour Cromwel. Il étendit l'oppression de la minorité du peuple au peuple entier. Plus imprudent encore qu'Appius & Critias, il se réduisit à ne marcher dans la carrière révolutionnaire appuyé que de sa force. Royalistes, Presbytériens modérés & républicains, indépendans, tous , s'il n'eût pas été emporté au tombeau par une maladie inopinée, se fussent réunis à ses assassins, comme on vit autrefois dans Rome C. Octavius & Lentulus Spinther, pour ne pas nommer tous leurs imitateurs, suivre au capitole Brutus & Cassius, pour paroître avoir partagé leur acte héroïque, sinon par le fait , du moins par la volonté. Cromwel voulut fonder une république, & il ne laissa derrière lui que les horreurs d'une révolution & le nom de tyran.

CONCLUSION. L'effusion de sang lente & répétée est mortelle aux auteurs de révolution. Elle prend ordinairement le caractère de la lenteur & de l'intermittence, si je puis employer ce terme, chez des peuples libres, ou marchant à la splendeur, ou pleins encore du souvenir de leur gloire passée, le glaive des oligarques & des tyrans se tournant, malgré eux-mêmes, contre la presque universalité des citoyens. Elle prend presque toujours ce funeste caractère chez de grandes nations qui, nourries dans la servitude monarchique, osent tenter de recouvrer leur liberté, à cause de la renaissance continuelle des ennemis du gouvernement détruit ou modifié, trop dispersés, trop loin des yeux de la police générale : & elle le prend inévitablement lorsque les auteurs des révolutions n'opèrent pas avec audace & par un coup d'éclat la chûte du trône.

CHAPITRE X.

De l'Effusion de sang passagère & violente, suivie immédiatement du partage des terres.

LES mutations de gouvernement nécessitent des mesures hors la raison & la loi. Cette assertion vient se lier, je ne sais comment, dans mon imagination avec cette réponse d'un prêtre égyptien à Solon : « Vous autres Grecs, vous êtes bien jeunes »; & je l'applique sous une relation différente aux Législateurs de l'europe moderne.

Athènes étoit dans l'anarchie. Les plus prudens d'entre le peuple étoient d'avis de créer pour le salut public un chef juste & vertueux, qui reconstituât la patrie en proie aux déchiremens de l'esprit de parti. Solon fut désigné : il ne répondit aux vœux des Athéniens, que par ces paroles célèbres : « Que la tyrannie étoit une belle place, » mais qu'elle n'avoit point d'issue ».

Athènes n'eut point à se louer de Solon. Il laissa dans sa timide législation le ferment des discordes civiles : les factions dont elle avoit suspendu les haines, recommencèrent bientôt à s'agiter avec plus de fureur, & la république se perdit dans la tyrannie d'un chef ambitieux, lorsqu'elle eût pu naitre pour une longue suite de siècles de la tyrannie d'un homme vertueux.

Moins scrupuleux, Cléomènes & Sylla n'hésitèrent pas de se faire tyrans pour rendre à leur patrie son ancienne liberté qu'ils cimentèrent ; Cléomènes, par le sang des Ephores & le partage des terres ; & Sylla, par le massacre des Romains de la faction de Marius, & par le passage des biens des anciens possesseurs dans les mains des instrumens dont il s'étoit servi, moyens éversifs de nos grandes sociétés, où il y a plus de divers principes régulateurs des vertus & des opinions des citoyens, qu'il n'y a de familles [a], & où d'ailleurs il n'y a point d'esclaves [b].

---

[a] C'est cette diversité de principes qui empêche l'unité d'opinion sur les nouveautés fondamentales, qui ne laisse dans les peuples d'autre conscience publique que celle qui se forme de la haine de tous les partis contre le parti dominateur, & qui fait que chaque victoire civile nécessite pour la sûreté de la faction victorieuse une nouvelle effusion de sang.

[b] Dans l'europe moderne, ce n'est qu'à la

Ce fut par l'effusion du sang & le partage des terres, que Denys l'ancien, qu'Agathocles & le triumvir Auguste consommèrent leurs révolutions. Quelque soit le point de vue sous lequel j'envisage ces moyens, relativement à nos peuples modernes, il n'en est point d'autres, & leur modification peut seule en détruire l'infaillibilité. Je le répète pour que les esprits en soient plus profondément pénétrés, pour que nos pilotes politiques se gardent de pousser inconsidérément le vaisseau de l'Etat au sein d'une mer hérissée d'écueils fameux par d'innombrables naufrages, il n'en est point d'autres...... L'ambition ou la modestie des chefs, la vertu ou la corruption des peuples décide ensuite entre la tyrannie & la liberté.

Et je le dis avec un soupir douloureusement exhalé du fond de mon cœur, nos temps présens & ceux qui les suivront jus-

---

diminution progressive du luxe d'une nation, aux accidens de la nature, ou des guerres civiles dévoratrices des hommes, comme il arriva dans Syracuse, sous Timoléon, à ramener, autant qu'il se peut, la société à cet état primitif dans lequel tous ses membres étoient propriétaires.

qu'à un bouleverfement général de l'univers par le renverfement de toutes les lois de la nature, compteront cent Agathocles, autant de Céfars & d'Auguftes, contre un feul Timoléon, ou même un Sylla.

C'eft qu'il n'appartient qu'à la vertu de ne tuer que les fils de Brutus; c'eft que l'intrigue & l'ambition, mobiles de nos révolutions modernes, armant contre elles-mêmes dans l'avenir l'humanité foulevée, immolent à leurs fureurs & les royaliftes & les républicains ennemis de la licence, & le peuple même leur force & leur appui.

Mais fi les mutations des gouvernemens anciens fe font opérées fous les feuls aufpices du partage des terres, & de l'effufion de fang paffagère & violente, chez les peuples modernes de l'europe, où la religion n'eft pas un fimple reffort politique dans les mains des dépofitaires de l'autorité, les mutations des gouvernemens en exigent de plus le changement au nom de l'impérieufe néceffité, changement profondément immoral au milieu de la licence des peuples, lorfqu'ils ne font point compofés de fectaires enthoufiaftes, & qui, groffiffant au fein de leurs républiques tumultueufes le levain de la tyrannie, en enveloppent à la longue tout le corps politique, mais dont l'immoralité se perd, sans presque se faire sentir, sous un chef arbitraire & vertueux.

Quiconque a lu les révolutions de Suède, sait, à n'en pas douter, que Gustave Vasa eût échoué dans ses vastes projets, s'il n'eût point, en changeant les propriétés, changé la religion : & ne sait-on pas d'ailleurs que les Anglais ne sont pas moins redevables au fanatisme de leurs sectaires, qu'à cet ancien prejugé qui leur faisoit placer le bonheur & la liberté dans leur grande chartre, de n'avoir pas moissonné que des crimes dans leur révolution du 17e. siècle [c].

---

[c] Jéroboam, pour retenir sous son empire les Tribus juives dont Roboam venoit d'éprouver la défection, éleva sur les débris de l'ancien culte une religion nouvelle : Mahomet en agit de même pour se faire le chef des Tribus arabes.

CHAPITRE XI.

Qu'un Chef de révolution ou de faction doit être seul à fonder une république, ou à la réordonner.

J'AI suivi dans leur marche les chefs de révolution & de faction. J'ai vu Cinna & Sylla s'avancer vers une mutation dans le gouvernement romain, à travers des fleuves de sang, l'un périr assassiné au milieu de ses tentatives infructueuses, l'autre du fond de son tombeau imprimer encore aux factions étonnées une terreur salutaire. J'ai vu Dion échouer dans son projet de donner par la régénération de Syracuse le signal auguste de la régénération de l'univers ; & Cléomènes, fort de son génie audacieux, redonner aux institutions de Lycurgue leur antique vigueur.

Et je me suis pénétré de cette vérité, qu'on ne sauroit trop répéter aux Législateurs que l'auteur d'une révolution ou le chef d'une faction victorieuse qui souffre à ses côtés de jaloux émules ou d'ambitieux contradicteurs, se creuse de ses propres
mains

mains & son tombeau & celui de la patrie. Dion & Cinna n'ont péri que pour s'être adjoint des coopérateurs dans la direction des passions du peuple vers le but qu'ils s'étoient proposé. Ainsi *ont péri & périront encore* les Dion & les Cinna modernes.

Les Athéniens qui avoient appris de l'expérience que l'esprit d'émulation & d'envie se tournoit incessamment en esprit de vengeance & de parti, avoient porté la loi de l'ostracisme. Des politiques vulgaires n'ont vu & ne voient encore dans Aristide exilé qu'Aristide persécuté, tandis que ce grand homme, inscrivant froidement son nom sur la coquille que lui avoit présenté un paysan de l'Attique pour y mettre le nom d'Aristide, sembla reconnoître que le salut de la patrie exigeoit impérieusement qu'on en bannît le contradicteur de Thémistocle.

Et qu'on ne regarde point comme témérairement hasardée l'opinion que j'avance ; je l'ai puisée dans la conscience d'Aristide même. Ne sait-on pas, en effet, qu'un jour, après avoir fait rejetter par le peuple une proposition de Thémistocle, dictée par la justice & le patriotisme, il s'écria que c'en étoit fait de la république, si elle ne

D

les précipitoit l'un & l'autre dans le Barathre ; tant il étoit convaincu que l'esprit d'émulation suspend dans l'ame même d'un homme juste l'action du sentiment de l'utilité publique , pour y substituer celle de l'amour-propre offensé & de l'esprit de parti?

Crétinas de Magnésie pensoit de même qu'Aristide. Il avoit dans Hermias un contradicteur inquiet & jaloux. Cependant la guerre de Mithridate menaçoit la république d'une ruine presque inévitable. Dans cet état des choses, son patriotisme, plus fort que sa haine pour Hermias, le porte vers cet émule de sa puissance : il lui dit que dans la crainte que leur ambition réciproquement contentieuse ne perdît la patrie, il avoit arrêté de se retirer dans un exil volontaire, s'il n'aimoit mieux prendre lui-même ce parti. Hermias reconnoissant la supériorité des talens militaires de Crétinas, opta généreusement pour l'exil, & la patrie fut sauvée [z].

Je vous en fais juges, politiques Euro-

_____

[d] Ce qui contribua le plus à perdre Caton & son parti, c'est que César étoit dans le sien le foyer de l'opinion ; & que dans celui de Caton, l'opinion divergeoit souvent de son centre.

péens, si des peuples anciens ont jugé que l'esprit d'émulation étoit une calamité pour les républiques, sous le règne même des lois constitutionnelles, combien doit-il être funeste, combien l'est-il en effet dans le passage d'un gouvernement à un autre, lorsque tant d'intérêts divers se croisant, se heurtant en sens contraire, impriment aux passions des peuples des mouvemens si opposés? Et Romulus, je vous en fais juges encore, n'est-il qu'un meurtrier, ou bien un homme de génie, & le fondateur illustre d'un gouvernement au sein duquel il jetta les germes de la vertu, de la splendeur & de la gloire, & sur-tout de cette puissance gigantesque développée par les temps & ses institutions?

CONCLUSION. L'histoire a gravé sur les tombeaux de Dion, d'Agis & de César, ces lignes épouvantables : « On ne repose
» sur ses bases le temple de la liberté, on
» n'élève un trône à la tyrannie, qu'en ex-
» terminant ses rivaux, soit qu'ils tiennent
» leur esprit de rivalité de la nature même
» d'une magistrature créée dans l'Etat, soit
» qu'ils ne la doivent qu'à l'ambition par-
» ticulière ».

CHAPITRE XII.

De l'Ostracisme.

JE regarde l'ostracisme comme une loi salutaire aux peuples vertueux encore ; impuissante comme toutes les autres lois, & funeste même dans les républiques corrompues. Des censeurs irréfléchis, dédaignant de remonter au principe & aux causes qui l'ont produite, & de considérer la fin vers laquelle elle tendoit, n'ont pas craint d'avancer qu'elle fut dans tous les temps un appel à la calomnie, une arme entre les mains des intrigans contre l'homme vertueux à la tête des affaires d'une république. Elle est née, selon moi, de la division d'un peuple démocrate, partagé entre deux chefs qui se disputoient à l'envi le pouvoir de dicter ses lois, & de diriger ses passions ; & elle avoit pour but de ramener dans le gouvernement & dans le peuple l'unité d'intérêts & d'opinions. Elle resserroit d'ailleurs les vengeances de l'esprit de parti *dans une vengeance légitime* & non sanglante.

CHAPITRE XIII.

Du Passage de l'anarchie révolutionnaire à un régime d'ordre & de liberté.

Les révolutions se font au nom du peuple & par le peuple qui s'imagine être à peine entré dans la carrière révolutionnaire, lorsque la plûpart des hommes de génie, qui l'ont mis en mouvement, croient la lui avoir fait parcourir dans toute son étendue. Delà la pression exercée par les amis de l'ordre sur les fauteurs de la licence, & réciproquement par les fauteurs de la licence sur les amis de l'ordre; delà l'irascibilité mutuelle des esprits; delà dans les uns & dans les autres l'amour exclusif de leur conservation; delà enfin l'abandon de la république à tous les orages, à toutes les fureurs de l'esprit de vengeance.

Et s'il arrive que les partis, dans l'impuissance momentanée de se nuire, se rapprochent par une réconciliation scellée par un serment solemnel, cette réconciliation est celle de Brutus & de Cassius avec Antoine & Lépidus, de Sextus Pompéius avec le jeune Octave; elle n'est qu'un délai forcé de vengeances, & ne produit qu'un armistice politique, rompu par le premier des deux partis qui se croit assez puissamment réarmé pour rengager le combat. Le salut de la patrie est dans toutes les bouches, & l'on n'agit que pour l'ambition & par l'ambition. Cependant, à travers la confusion des affaires publiques, & dans le tumulte des factions, on apperçoit encore l'image de la liberté; mais bientôt elle s'évanouit devant le triomphe toujours certain de l'audace sur la prudence, devant des lois marquées du sceau terrible de la fureur, de la dévastation & de la mort.

Quel est celui qui, connoissant l'empire du désir & de la crainte sur la raison de l'homme, &, par conséquent, sa tendance invincible à passer de l'état de foiblesse à l'état de force, tendance subversive d'une juste modération dans la poursuite ou le maintien de la liberté; quel est celui-là, dis-je, qui se connoissant lui-même pourra s'étonner encore que des publicistes anciens & modernes nous aient représenté la liberté couchée sur des cadavres, & s'allaitant de sang? Hélas! le burin de l'histoire n'a-t-il pas gravé sur cent mille pages sanglantes la mort s'asséyant sur le passage de la liberté à la tyrannie, & de la tyrannie à la liberté, & promenant sa faux sur toutes les têtes ennemies du nouvel ordre des choses.

Peuples de la Grèce, vos révolutions sur la scène du monde me glacent d'épouvante & d'effroi. Ah! je vous vois, factions contre factions, vous proposer, pour prix des périls où vous courez, les dépouilles de la patrie. Argiens, Corcyriens, arrêtez : l'humanité s'élève contre vos fureurs homicides..... Mes cris se sont perdus dans l'air. Optimats & fauteurs du gouvernement populaire, ils se sont dans leurs victoires cadmiennes dévorés les uns les autres; & leurs dissentions n'ont pas cessé de se rallumer à la flamme des bûchers des vaincus, dans l'ordre alternatif de leur défaite, jusqu'à l'entière dissolution du corps politique.

CHAPITRE XIV.

Que la Domination d'une faction sur l'autre conduit à la longue à un despotisme organisé & permanent.

Les dissentions civiles n'eurent pas plutôt préludé dans Rome par le massacre des Gracques, qu'elle vit s'élever le trône sanglant d'un despotisme tumultueux, occupé tour à tour par la faction populaire & celle des optimats. La liberté, la justice & le bonheur du peuple Romain allèrent se perdre dans les eaux du Tibre avec les cadavres de ses chefs infortunés, flétris du nom de séditieux, parce qu'ils avoient échoués dans leurs justes & vertueuses tentatives. Dès ce moment, en effet, les lois & la raison ne furent plus que des mots stériles, sans force & sans pouvoir. Il n'y eut parmi les Romains qu'irascibilité, que haines, que vengeances, que meurtres atroces & impunis, commis en premier lieu par les cupides optimats dont le patriotisme, résultat de leurs propriétés immenses, ne se confondoit pas dans le sentiment de l'humanité, comme celui des

Gracques qui étoit le résultat des institutions de la république, mais dans l'amour exclusif de leur propre conservation.

Et les amis du peuple, les yeux levés vers le ciel, jettoient un arriere regard sur ces siècles de la vertu de Rome, & ils regrettoient d'être nés dans les temps de son égoïsme & de sa dégradation. Hélas! ils avoient perdu tout espoir de retour à la liberté, leur idole chérie; & certes, l'entière extermination d'un parti par l'autre parti ne pouvoit pas même en ramener le règne. Lorsqu'il ne s'élève pas du sein des exterminateurs une faction d'indulgens qui, comme Q. Sertorius, loin de briser, au gré de leurs désirs, le fer des proscriptions, ne font que le remettre, pour leur propre ruine, plus acéré encore entre les mains du chef de la faction rivale; les torches des dissentions civiles, éteintes pendant les derniers jours de leur vie orageuse, se rallument aussitôt sur leur tombe, si comme Sylla, ils ont abdiqué le pouvoir; si comme Agathocles, ils ont été frappés d'une mort violente; si comme Cromwel enfin, ils se sont donné un successeur sans génie & sans énergie: & elles se rallument, ces torches dévorantes, pour éclairer de leurs feux finistres la marche des nations vers un despotisme organisé & permanent, à travers le cercle horrible de leurs calamités renaissantes.

Voyez en effet Rome après les Gracques. Sylla, Marius & Cinna, Lépidus, Catilina, Clodius, Pompée & César la désolent tour à tour; & tous, à l'exception de Sylla, se la proposent pour prix de leurs périls, & s'en disputent les tristes dépouilles. Brutus & Cassius ont tué César: le tyran revit dans Antoine! Les conjurés inquiets se font emparés du capitole; ils ont appelé autour d'eux leurs mercenaires & jusqu'à des gladiateurs. La place publique retentit du bruit des armes, & le démon de la terreur plane sur Rome consternée. César a des vengeurs; & le cruel Octave, après avoir reporté sur le peuple Romain le même fer parricide dont l'avoient frappé les chefs de factions qui l'avoient précédé dans la carrière du crime. constitue la tyrannie: tant il est vrai que, dès qu'une faction a trempé ses armes dans le sang, & que la cupidité du pouvoir & la licence des armes sont devenues les seules règles des vengeurs de la liberté, les factions & leurs maux se succèdent jusqu'à l'épuisement du corps politique. Et comment pourroit-il en arriver autrement ? Qu'on me dife par quel prodige, par exemple, le Sénat Romain eût affermi fa domination fur les cadavres des Gracques ; & comment Cromwel eût pu organifer dans fa patrie un gouvernement libre par la ruine des auteurs de la révolution ? Ah ! tandis que la profpérité corrompt les mœurs de l'homme puiffant, & le porte à l'abus du pouvoir, les opprimés agités par le fentiment affreux de leurs maux, répètent entre eux ce cri féroce du forcené Marius : « Exterminons, pour ne » pas être exterminés » ! Et lorfqu'ils ne tombent pas auparavant fous les coups de leurs oppreffeurs, ils faififfent avidement la première occafion d'une vengeance douce & confolante : & ceux fur qui n'avoit point encore pefé la tyrannie des factions leur prêtent leur appui, entraînés tout-à-la-fois par le fentiment de l'humanité, par la crainte d'un femblable fort, par la haine du parti dominant, & fur-tout par l'attrait de la puiffance & le défir de la renommée. Delà vient que les citoyens, féduits par la gloire de contribuer à la vengeance des opprimés, jouent tour à tour leur rôle fur le théâtre

(48)

des factions ; & que les révolutions dans lesquelles ils s'engagent les dévorent successivement, jusqu'à ce que la république brisée par le poids des calamités tombe, pour ainsi dire, sans mouvement & sans vie dans le despotisme d'un maître superbe.

J'observe que je ne parle ici que de l'effusion de sang opérée par l'arrogance & la violence patricienne, ou l'ignorance & la fureur plébéienne : car c'est mon opinion que l'effusion de sang dirigée par un chef juste, sage & prudent, qui, comme Pélopidas, Thrasybule & Timoléon, ne frappe que les tyrans & leurs complices d'action, conduit infailliblement à la liberté un peuple simple & vertueux, ou même un peuple déjà vieux & corrompu, dont la révolution seroit entraînée à son dernier terme, avec énergie & magnanimité.

CHAPITRE XV.

De César & de Cromwel.

LA fumée du pouvoir est enivrante. César, vainqueur de Rome & de Pompée, se croyoit un un homme au-deſſus des inſtitutions; & ſavourant avec délices la volupté des honneurs qu'on lui décernoit, d'une main il rejettoit de ſon front le diadême nonchalamment, & avec des plaintes mollement exhalées; tandis que de l'autre il frappoit d'un coup d'autorité les tribuns Cœſétius & Marullus, qu'il accuſoit d'avoir transformé en crime d'état une indiſcrète adulation, à deſſein d'appeler ſur lui le ſoupçon de la tyrannie. Sans doute, il ne ſavoit pas qu'il étoit une victime dont on ceignoit la tête dévouée de bandelettes auguſtes, pour l'immoler en ſacrifice au génie de la liberté.

Le nom de roi ſourioit auſſi à l'imagination de Cromwel; mais le protecteur Anglais & le dictateur Romain s'étoient placés l'un & l'autre dans des circonſtances telles, qu'en en prenant le titre, ils précipitoient l'exécution des complots de leurs ennemis, loin de déconcerter leurs rivaux inſidieux, & de mettre, comme Auguſte, leurs rivaux à leurs pieds.

Céſar n'héſitoit pas de dire que, s'il ſe fût ſervi, pour cimenter ſa puiſſance, de brigands & d'aſſaſſins, il les eût élevés à la fortune & aux honneurs. Cette maxime étoit

E

politique & confervatrice de la dignité d'un tyran. Céfar fembloit même ne pas ignorer que la tyrannie importoit à fon propre falut, fi l'on en juge par ces paroles infultantes à la liberté, « que Sylla n'avoit puifé dans » l'hiftoire ni lumières ni prudence, lui qui » avoit abdiqué la dictature ». Et cependant que fait Céfar ? Comme Sylla, il eft vrai, il diftribue à fes vétérans les biens des anciens poffeffeurs; mais moins prudent que Sylla, il rappelle dans Rome les émigrés Pompeiens, & confere à la plûpart les magiftratures de la république : il connive au retour de ceux qu'il n'avoit pas encore couvert du voile de l'impunité; il réhabilite les enfans des profcrits de Sylla dans leurs droits de fuffrage & d'éligibilité, & leur rend la portion qui leur revenoit de l'héritage de leurs peres. Qu'en réfulte-t-il ? Les ennemis de la révolution qui fit defcendre au cercueil Pompée, Caton & tant de généreux Romains fiègent dans le Senat & fur les chaifes curules, à côté des foldats, des affranchis & des Gaulois révolutionnaires, dont s'etoit fervi Céfar pour l'exécution de fes vaftes deffeins. Deux partis font dans Rome. Ici, ce qui met les paffions en mouvement, c'est cet esprit public, résultat de l'impulsion donnée par César à ses instrumens, ainsi qu'aux Romains qui s'étoient enchaînés au char de sa fortune; là, c'est cette conscience publique, née du sentiment d'une juste cause, de la haine de l'oppression, & de l'amour de la liberté : Rome, en un mot, est une caverne de tyrannie où César a laissé pénétrer indistinctement ses amis & ses ennemis, & dont il a fermé sur lui les issues par sa clémence meurtrière. Il ne peut plus impunément ni retourner dans la classe des hommes privés, ni continuer l'exercice de la tyrannie : un chef de faction qui, après le triomphe, jette sur ses victimes un regard de commisération, se rend un obstacle à ses propres projets, & s'engage dans un péril certain. L'exemple d'Auguste ne détruit point cette assertion : les circonstances n'étoient pas les mêmes : Brutus & Cassius n'étoient plus : l'hydre des factions étoit descendue dans le tombeau d'Antoine : & tous ces fiers Romains pour qui la perte de la liberté étoit une calamité publique, avoient été moissonnés ou par le glaive des guerres civiles, ou par le poignard des proscriptions. Rome étonnée ne voyoit plus dans son sein que des hommes dégénérés qui, dégoûtés d'une liberté trop périlleuse, regardoient la mort, l'exil & la pauvreté comme le dernier des maux, & la faveur d'Auguste comme le premier des biens.

Le protecteur Anglais n'avoit point adopté la maxime de César : il brisa ses instrumens, & cassa le Rump aux acclamations des royalistes, & des Presbytériens qu'il avoit violemment rejettés de son sein avant la mort infamante de Charles premier ; mais imitateur de César dans sa politique incohérente, il porta comme de lui-même ses ennemis à la législature, par le rétablissement des élections populaires ; & par les conditions qu'il attacha aux droits de suffrage & d'éligibilité, il transmit aux riches l'influence & l'autorité du peuple laborieux, entraîné sans doute par cet esprit qui dirigeoit Gélon, lorsqu'il dit que les riches étoient tous attachés par une chaîne dont ils remettent le premier anneau entre les mains du gouvernement qui protège leurs jouissances, & qu'il étoit plus aisé de régner sur mille d'entre eux, que sur un seul qui n'avoit rien à perdre.

(53)

A juger ces mesures partiellement & isolées l'une de l'autre, on peut être porté à croire qu'elles lui frayoient le chemin du trône : si on les juge au contraire dans leur ensemble, on voit qu'elles concouroient à le lui fermer à jamais. Il ne pouvoit, en effet, se l'ouvrir qu'en faisant de ses fanatiques soldats autant de Seïdes qui, à sa voix, eussent abattu d'un seul coup toutes les têtes du Rump-parlement avec celles des royalistes, & qu'il eût récompensé, à la manière d'Agathocles, de Sylla, de César & d'Auguste, par le partage des propriétés de leurs victimes. C'est en agissant ainsi que son armée eût partagé d'elle-même tous ses mouvemens de fuite & de poursuite ; & il ne lui eût fallu pour cela que de s'écrier : « que la liberté » ne se consolideroit jamais sur ses bases, » si, à l'exemple de Dieu qui, pour réor- » donner le monde, en avoit exterminé » tous les habitans, à l'exception de quel- » ques justes, il n'exterminoit tous les en- » nemis de leur gouvernement ». Quoiqu'il en soit, le levain de la tyrannie eût tout de même fermenté après sa mort, si l'héritier de son trône eût été Richard au lieu d'être Lambert. Qu'on réfléchisse sur ce que seroit devenue la Suède, si les successeurs de Gustave Vasa n'eussent pas eu son courage, son génie & sa magnanimité, & l'on n'osera pas sans doute réfuter mon opinion.

CHAPITRE XVI.

Comment une Révolution prend un cours rétrograde, lorsque le chef en est mort, & que le parti républicain lui survit.

UN chef de révolution qui a brisé la plûpart de ses instrumens pour mieux affermir l'édifice politique qu'il bâtit sur les ruines de l'ancien, n'a pu le faire qu'en se présentant, par intervalle, sous la forme d'un tyran cruel & soupçonneux, qu'en exaspérant les esprits de ces hommes exaltés qui, sous ses auspices, avoient porté jusqu'au fanatisme l'amour de la liberté ; qu'en les divisant enfin en deux partis, l'un d'oppresseurs, l'autre d'opprimés. A peine est-il mort que tout change, & que se forme le premier anneau de cette chaîne de révolutions, dont le dernier se confondra dans la restauration du gouvernement détruit. Il n'est besoin, pour s'en convaincre, que de jetter les yeux sur l'Angleterre au 17e. siècle. Cromwel n'étoit plus ; & cependant les discordes civiles vivoient dans l'armée, dans le Sénat & dans le peuple, plus fortes & plus puissantes que cet acte d'amnistie dont le Rump, pour donner à l'armée qui l'avoit replacé sur ses siéges une sorte de garantie contre l'abus de son autorité, avoit couvert les coopérateurs du tyran dans la modification du gouvernement républicain. Le Rump reporta la révolution aux jours de son fanatisme. La mort, l'exil & la prison furent le partage d'une foule de royalistes qui avoient déversé sur lui l'infamie & le mépris, lors de son état de foiblesse & d'humiliation. La mort, l'exil & la prison atteignirent même les amnistiés. Lambert & les officiers de l'armée en furent effrayés. Le vieux parlement pouvoit aussi leur arracher le voile de l'amnistie, qu'il n'avoit sans doute jetté sur eux que parce qu'il n'étoit pas encore assez fort pour les percer de l'arme de la vengeance. La terreur plana sur toutes les têtes : tous les partis se confondirent dans une haine commune pour ces fondateurs de la république, dans lesquels on ne voyoit plus que des tyrans. Les royalistes s'imaginant que les sentimens du désir & de la crainte s'étoient modifiés dans les Presbytériens modérés & les républicains, convenablement à leurs opinions politiques & à leurs projets de contre-révolution, conspirèrent contre le Rump. L'insurrection ne fut point simultanée, comme ils l'avoient cru témérairement, & leur révolte fut étouffée.

Les Sénateurs, fiers de leur victoire civile, & se persuadant que toute puissance devoit désormais s'abaisser devant eux, se montrèrent vigoureux dans leurs résolutions & leurs tentatives à diminuer le pouvoir de l'armée, & l'armée dissipa une seconde fois ces hommes inquiets & turbulents.

Ils cherchèrent dans Monk un appui & des forces; & l'ami de Cromwel, las de l'anarchie révolutionnaire, mais plus dévoué à la cause des rois qu'à celle des républicains, marchoit sur Londres, au gré de leurs désirs, lorsque l'opinion déclarant le peuple en faveur du parti le moins ennemi de l'ordre, décida leur triomphe sur les Cromwelistes; cependant, au déplaisir extrême du Rump, Monk continuoit sa route, recueillant par-tout sur son passage les vœux des cités pour un parlement libre. Monck arriva, mina l'autorité des regicides par la réhabilitation des membres exclus : & dirigeant feul les mouvemens qui dévoient recréer le trône, il enchaîna la liberté au nom de laquelle il marchoit à fon but, aux pieds de Charles Stuart étonné de fa fortune.

On voit affez que lorfqu'il y a eu fciffion parmi les républicains & violence des uns fur les autres, la raifon & les lois, je le répete, ont perdu leur empire, & qu'il ne refte plus dans les cœurs, au lieu de l'exaltation & de la magnanimité, qu'irafcibilité, que haines & que vengeances. Là commence le cours rétrograde de la révolution. Une tyrannie temporaire ou, fi l'on veut que je me ferve d'un terme plus doux, une magiftrature dictatoriale pourroit feule ramener l'ordre & le calme. C'etoit du moins l'opinion de Caton qui, fans contredit, nous valoit bien en républicanifme comme en politique.

CHAPITRE XVII.

Comment une Révolution prend une marche rétrograde, lorsque son chef est renversé par une section de sa faction.

CE centurion qui le premier flétrit publiquement Cinna du nom de tyran & d'infame bourreau, décida la ruine de Carbon & le triomphe de Sylla : si Brutus & Cassius eussent été assez puissants après leur forfait héroïque, pour déverser l'infamie sur César au tombeau, c'en étoit fait d'Antoine & de Lépidus; c'en étoit fait de tous les amis du tyran ; & c'est mon opinion que le Rump, en jettant Cromwel dans les fers, eût vu la fléche de sa vengeance revenir sur lui , & porter la victoire sous les étendards des royalistes, avec d'autant plus de célérité que, pour que cette mesure hardie ne parût point aux yeux de la nation & de l'armée surtout, sous le voile de l'arbitraire & de l'injustice, ils le lui eussent représenté comme un traître, comme un ennemi de la patrie, comme le moteur enfin de tous les actes violents émanés de son sein.

Et en effet les royalistes, dans cet état des choses, ne se fussent-ils pas répété l'un à l'autre, tout bas jusqu'au triomphe du Rump sur les Cromwellistes contre lesquels ils lui eussent prêté leurs forces ; & n'eussent-ils pas ensuite, immédiatement après son triomphe, crié au peuple d'une voix retentissante, « que les tyrans ne sont pas ceux-là seuls qui mettent les nations sous le joug, mais encore ceux qui, lorsqu'ils étoient à même de le faire, ont négligé de s'opposer ou ne se sont pas opposés avec force & pertinacité aux projets de quelques vils asservisseurs » ; & le peuple dont la masse entière avoit supporté la tyrannie du Rump, ne fût-il pas devenu leur imprudent & déplorable écho ? Ah ! en tombant sous la main du peuple uni aux royalistes, ils eussent du moins appris aux fondateurs des républiques, dans les siècles à venir, qu'ils ne doivent point, pour leur propre sûreté, tuer un Cromwel par la main d'un bourreau, mais par celle d'un Séide qu'on sacrifie, sur l'heure, comme un vil instrument, tandis que l'on élève des autels à la victime dévouée sur le sein de laquelle on a dirigé son glaive mercenaire.

Lorsque les Sénateurs Romains voulurent se défaire de Romulus dont l'empire leur paroissoit tyrannique, ils ne l'accusèrent point devant le peuple ; ils le mirent en pièces dans une revue de l'armée, au milieu des ténèbres épaisses d'une nuée orageuse. La sérénité n'eut pas plutôt reparu, qu'ils dirent au peuple étonné de ne plus voir son chef, que les Dieux avoient rappelé Romulus dans leur sein ; & de suite ils lui firent élever un temple.

Mais cette leçon instructive que ne donna pas le Rump par le supplice de Cromwel, il la donna par sa scission avec Lambert.

CHAPITRE XVIII.

De Lambert.

LAMBERT qui avoit de la profondeur dans l'esprit sentit qu'après l'abdication forcée de Richard, l'édifice de son gouvernement militaire ne tarderoit pas à s'écrouler devant la force du peuple, dont l'esprit etoit en sens inverse de l'esprit de l'armée, s'il ne lui rendoit pas lui-même son gouvernement civil. C'est pourqnoi il releva la puissance

puissance du Rump renversée par lui dans un autre temps : & par un acte législatif, dont il fut le moteur, il entoura d'honneurs & de respect la mémoire de Cromwel dont l'oppression avoit pesé sur lui autant que sur le Rump. Par ce chef-d'œuvre de politique il jetta dans la stupéfaction les royalistes désespérés, & ne leur laissa aucune prise publique sur l'ancienne tyrannie de ces vieux républicains qu'ils eussent désiré voir, moins maîtres d'eux-mêmes, asperger d'infamie leur chef au tombeau.

CHAPITRE XIX.

Que le Rump-Parlement fut l'auteur de sa ruine.

LA bonne politique n'est point distinguée de la bonne morale; & c'est à elle seule qu'il est réservé de mener les peuples au bonheur, & les gouvernans à la considération & à la gloire. Mais le Rump réhabilité ne fonda sa politique que sur la cupidité de l'ambition & la crainte de la destruction de sa puissance. Animé de ces deux sentimens, il se fit une loi périlleuse d'opposer constamment le plus foible au plus fort, à l'exemple du Sénat de Rome factieuse & corrompue, & se réservant de même de briser son instrument, lorsqu'il l'avoit placé au plus haut point de l'envie. Il se servit de Lambert pour écraser les royalistes qui avoient osé relever leur tête mal courbée sous le joug, & il rappella Monk pour opprimer Lambert dont il rendit, pour sa propre ruine, la politique infructueuse, en inscrivant son nom à côté de celui d'Antoine, & le nom de Cromwel à côté de celui de César. Ainsi le Rump apprit à ses instrumens à se tourner contre lui : il est vrai qu'il se vengea de Lambert ; mais après la chûte de l'émule de Cromwel, il ne lui restoit aucun ami puissant qui le vengea de Monk : & dans son désespoir, il reconnut cette éternelle vérité consacrée dans Polybe, que lorsqu'un homme de quelque considération ose parler & agir contre un gouvernement couvert de la haine & du mépris publics, le peuple l'appuie de sa force, & se range en foule sous ses drapeaux.

C'est le spectacle que présenta Rome du temps d'Auguste.

CHAPITRE XX.

Que le passé est perdu pour l'avenir.

L'HOMME réduit au seul instinct n'eût point levé vers le ciel un front auguste & vertueux ; il n'eût point connu l'espérance, sentiment consolateur, dont les douces illusions bercent par intervalle l'homme infortuné qui se promet un plus heureux avenir ; la liberté n'eût point exalté son ame ; l'amitié expansive ne l'eût point dilatée avec délices ; il eût perdu bien des jouissances : il eût éternellement végété dans l'état de nature.

Mais aussi l'inquiétude n'eût point flétri ses jours ; l'envie ne l'eût point enlassé de ses horribles serpens ; l'intérêt & l'ambition n'eussent point armé ses mains homicides ; à l'aspect d'un piège auquel il se fût laissé prendre par inexpérience, il eût désormais reculé avec horreur ; & il eût pourvu plus sûrement & plus promptement à sa conservation.

La Divinité en a décidé autrement : elle l'a doué d'une raison qui domine tantôt ses passions, qui tantôt en est dominée, & que séduisent habituellement les prestiges de l'espérance, les insinuations de la crédulité & l'attrait de la puissance. Ainsi les leçons que le passé donne à l'avenir sont perdues pour lui, & par un amour immodéré de lui-même, il précipite sa ruine loin d'opérer sa conservation.

Les Sénateurs Anglais ne mirent point à profit l'exemple des Sénateurs Romains, après la chûte des Décemvirs. Alors on ne vit point le parti populaire se créer parmi les Tribuns des chefs qui eussent mis sous la massue du peuple les Sénateurs qui, par haine pour sa puissance, s'étoient rangés du parti de ses tyrans. La modestie des mœurs romaines eût rougi, se fût fait un crime d'accoutumer le peuple au spectacle de l'effusion du sang de ses optimats, & d'avancer ainsi le siècle des Gracques & les proscriptions de Sylla, & les règnes des Tibère & des Néron. Je le répète, la sagesse du Sénat de Rome fut perdue pour le Rump ; elle le sera pour toutes les nations de l'europe. Que sont, en effet, les nations de l'europe comparées aux Romains sous les Décemvirs? Et qu'y avoit-il de commun entre les Anglais du commencement du 17e. siècle &

Rome en armes fur le Mont facré ? Les Anglais étoient fimples & groffiers encore : les Romains, il eft vrai, n'avoient fait tout de même que peu de progrès dans l'art de la fociabilité ; mais ils étoient vertueux & faits pour la liberté, au lieu que le peuple Anglais étoit déjà corrompu & fait feulement pour les intrigues révolutionnaires & les diffentions civiles. Il ne pouvoit donc jouer fur la fcène du monde que le rôle des Romains après Marius & Sylla ; & certes il le joua. Eh ! qui ne fait que Rome qui avoit élevé Pompée pour perdre Céfar, & Octave pour opprimer Antoine, fut affervie par Augufte, & que fes maux furent fon propre ouvrage ? Je me laiffe emporter ici par le fentiment qui m'anime : fi le Sénat fe fût rallié à la faction de Céfar victorieux de Pompée, il eût bien mérité de la république ; les torches éteintes de la guerre civile ne fe fuffent point rallumées ; Octave, Antoine & Lépidus n'euffent point couru à la tombe de Sylla, pour en retirer le glaive fanglant des profcriptions ; la morale qu'un farouche dictateur avoit couvert d'un voile paffager, n'eût point été empoifonnée jufque dans fes fources ; fes fatellites ne fe fuffent point changés sous les Triumvirs en bourreaux effrénés; la cupidité du pouvoir n'eût point plongé son fer homicide dans le sein même de l'amitié; & les Tibère, les Caligula, les Néron n'eussent point été d'horribles tyrans.

Ce ne furent point les amis de l'ordre qui tuèrent César; ce furent quelques amis de la liberté, qui mêlés à quelques ambitieux avides de nouveautés dans le gouvernement, en fussent devenus à la fin les victimes infortunées. Mais ce qui arriva devoit arriver inévitablement. La vertu de Rome, ses vices, la succession de ses factieux & de ses tyrans, tout enfin étoit dans l'économie de la nature.

Peuples européens, qui osez relever une tête libre du sein de la corruption, dont les Romains furieux de se voir rayés par vos ancêtres de la liste des puissances, ont, pour se venger de leur humiliation, jetté les germes au fond de votre berceau, souvenez-vous de ce que j'ose vous dire. Les hommes sont le produit de leurs siècles: un siècle corrompu ne porte point des hommes vertueux, comme un siècle vertueux ne porte point des hommes corrompus; & le passé, d'après l'expression d'un moderne, est gros de l'avenir. Les factions de l'Angleterre & de Rome ne pouvoient enfanter que de nouveaux factieux ; & le poignard de Brutus, & les cris de liberté articulés par Cromwel devoient donner le signal du règne de l'anarchie.

CHAPITRE XXI.

Qu'il n'est pas possible d'arrêter une révolution dans sa marche rétrograde.

Lorsque le Rump, appuyé de la force de la jeunesse de Londres, eut relevé sa domination sur les ruines des Cromwellistes que les Presbytériens modérés & républicains, d'accord avec les royalistes, flétrissoient, à qui mieux mieux, des noms de brigands, d'anarchistes & de scélérats, il voulut arrêter le mouvement rétrograde qu'il venoit d'imprimer à la révolution ; mais il sentit aussitôt que cette tentative étoit au-dessus de ses forces. L'explosion de sa haine contre ses restaurateurs avoit été le principe d'un mal incurable : elle avoit jetté l'opinion publique dans une alarmante fluctuation ; & comme il arrive toujours lorsque deux partis, également ennemis de la royauté, ont juré la ruine l'un de l'autre, les monarchiens s'étoient immiscés hardiment dans la direction de l'opinion qui, dans ses ondulations incertaines, ne savoit plus où se diriger ni où s'arrêter.

L'esprit public sans guide sûr, sans point d'appui permanent, s'étoit attiédi, atténué, dépravé. On déploroit entre soi le sort du malheureux Charles premier ; on s'attendrissoit sur sa mort infamante : on n'osoit pas encore, dans la défiance mutuelle des royalistes les uns envers les autres, proférer le nom de roi ; on se bornoit à laisser retentir seulement sur son cœur ce nom d'autant plus cher, qu'il rappeloit plus de lugubres souvenirs : & les idées de l'égalité & de la liberté, n'agissant plus sur le soldat lui-même que confusément, il se jouoit d'un gouvernement sans énergie, & ne prenoit d'ordres que de sa volonté. Enfin, pour achever en peu de mots, le Rump s'étoit relevé sur les ruines des Cromwellistes audacieux encore, mais foible & méprisé.

D'un bout de la république à l'autre,

retentissoit ce cri simultanément répété par l'Ecosse & l'Irlande, que depuis trop long-temps la vertu n'étoit qu'un vain nom, & que les jours étoient enfin venus de purger des cavaliers [e] & des révolutionnaires fanatiques le gouvernement civil & militaire, ce qui étoit, en d'autres termes, vouer à l'exécration & à la mort tous les républicains, ou vils comme *Barebones*, ou vertueux comme *Sydney*.

Et le Rump avili, conspué, n'ayant d'autres ressources pour le paiement de l'armée que dans le produit des contributions publiques, dont le peuple avoit arrêté le recouvrement, se vit réduit à consentir le rappel voulu par Monk & la nation des membres exclus en 1648.

Il se tua par cet acte de justice forcée : la justice forcée ou volontaire, lorsqu'elle est rétroactive, est pour ceux qui ont exercé l'injustice ce serpent meurtrier que l'homme de la fable réchauffe dans son sein.

---

[e] On désignoit sous ce nom les royalistes.

CHAPITRE XXII.

Suite.

A cette époque, la modération & l'humanité devinrent le caractère du parlement. De vifs applaudissemens accueillirent les changemens opérés par les membres exclus. Le cri de la reconnoissance les désignoit comme les sauveurs de la patrie, & ce cri couroit de bouche en bouche comme un cri de ralliement. Cri fallacieux ! On les maudissoit dans le cœur comme les auteurs de la révolution & de toutes ses horreurs. Cependant ils excitoient par d'*heureuses* délibérations les transports de la joie publique. La journée du 6 décembre 1648, connue autrement sous le nom d'épuration de Pride, fut déclarée infame & tyrannique, & les membres régicides perdant toute leur influence ne furent plus dès-lors dans le Sénat qu'une ombre odieuse & ridicule Toutes les places furent enlevées des mains de ces hommes qui n'étoient connus que par leurs cruautés exercées contre le parti monarchien, & remises entre celles des nobles &

des hommes de bien, ou *gentlemen*. On marcha à pas précipités vers ce que les gentlemen appeloient la juſtice, & les républicains, quelque fût leur faction, le retour à l'ancien ordre des choſes : on y marcha à pas de géant, dans la crainte que la lenteur ne produisît une réaction violente. Les patriotes ſe ſentoient agités des craintes les plus vives ſur le ſort de la république. Ils s'élevoient contre le gouvernement qui, circonvenu de plus d'adulateurs que n'en avoit vu la cour de Charles premier, s'amuſoit, au milieu de cette révolution royale, à lire les pamphlets ou à écouter les calomnies répandues contre le Rump & les Cromwelliſtes par d'hypocrites Presbytériens ; & qui, dans la vue d'opprimer plus ſûrement ſes ennemis, abandonnoit proviſoirement les conſeils publics à toutes les influences de l'opinion dépravée. Le rebelle Georges Booth [ƒ] fut rendu à la liberté avec tous les royaliſtes que ſa défaite avoit conduit dans ſa priſon ; & l'on vit reparoître impunément dans la ſocieté & dans les places

---

[ƒ] Il fut élu, aux acclamations du peuple, membre du nouveau parlement.

publiques Mordaunt & tous ceux qui, à son exemple, avoient, pendant le règne du Sénat régicide, cherché leur salut dans l'émigration, ou qui s'étoient tenus cachés dans le sein de la patrie.

L'indulgence des Sénateurs réhabilités par Monk censuroit avec force la cruauté du Rump ; mais, aux yeux des royalistes, ils avoient resserré la justice dans des bornes trop étroites.

O comble de l'imprudence ! O cécité des factions qui, en s'exterminant l'une l'autre, mesurent follement le juste & l'injuste sur leur utilité propre, & non pas sur l'utilité de tous ! Eh ! quoi ? ils maintenoient cette loi révolutionnaire qui excluoit du droit d'éligibilité à la nouvelle législature [g] ceux qui avoient combattu sous les drapeaux de Charles premier, ou dont les peres avoient embrassé la même cause ; & la création de cette législature dont ils portoient d'eux-mêmes les membres sur les chaises curules d'où ils s'étoient engagés & déterminés à descendre, n'avoit d'autre objet que le rétablissement de la monarchie ! Ils n'avoient

---

[g] Le peuple assemblé pour l'élection de ses députés n'eut aucun égard à cette loi.

pu contenir le fleuve de la révolution dans le lit qu'ils lui avoient creusé ; & lorsqu'il y étoit rentré malgré le Rump, & au gré de leurs désirs, ils croyoient pouvoir en empêcher le desséchement ! Ah ! ce vœu des royalistes, *Infatua consilium corum* [h], avoit été exaucé dans toute sa plénitude ; & en détruisant le Rump, ils avoient ressemblé à cet ancien qui, comme l'écriture nous le rapporte, ébranlant les colonnes de l'édifice où il s'étoit renfermé avec ses ennemis, le fit crouler sur lui en même temps que sur eux.

Ainsi, l'ancien gouvernement, malgré leur volonté de le modifier, reparut sous les mêmes formes, avec les mêmes prérogatives, & plus tyrannique qu'avant la révolution.

_____

[h] Frappe-les dans leurs conseils de l'esprit de vertige.

G

CHAPITRE XXIII.

De l'Esprit de faction.

C'est ici le lieu de dire que l'esprit de faction a son accroissement & son décroissement. Dans son accroissement, la fortune se range sous l'étendard du chef qui a porté l'exagération & l'audace au plus haut point ; dans son décroissement, au contraire, elle se fixe sous les drapeaux des amis de l'ancien gouvernement.

Lorsqu'en Angleterre les membres exclus furent replacés sur leurs sièges, l'esprit de faction étoit dans son décroissement, ou ce qui rend mon idée plus clairement, les factions se replioient sur elles-mêmes ; & telle est l'économie de la nature que dans leur retour sur elles-mêmes, vaincues dans un ordre inverse de leurs premières victoires, elles reçoivent de nouveau & tour à tour, dans ce même ordre, l'infamie, le ridicule ou le mépris, jusqu'à ce que la dernière, ramenant la révolution à ses commencemens, aille s'absorber avec honte dans le gouvernement sur les ruines duquel elle s'étoit élevée.

CHAPITRE XXIV.

Comment on avilit le parti populaire.

Les Sénateurs de Rome avoient à craindre que Térentillus, auteur d'une loi limitative de l'autorité consulaire, ne la fît sanctionner par le peuple; & ils appellèrent à eux la jeunesse patricienne qui, se portant en foule aux comices, couvroit par ses clameurs la voix du tribun qui, le premier, osoit s'élever contre la puissance énorme des Consuls; & ne répondoit à ceux des Plébéïens qui censuroient la licence, que par des injures & des coups. Les Tribuns, loin de pouvoir couvrir les opprimés de l'égide de leur magistrature, étoient eux-mêmes sous l'oppression, & ils ne pouvoient que s'écrier en frémissant, au milieu du tumulte, « que le » Sénat avoit chargé cette jeunesse effervescente d'abolir le tribunat, & de rétablir la » forme du gouvernement qui existoit avant » la retraite du peuple sur le Mont sacré ». A la fin les Tribuns l'emportèrent : la lecture de la loi fut arrêtée ; mais les jeunes

Patriciens, ayant à leur tête Quintius Cœson, se jettèrent sur le peuple, couvrirent les uns de contusion, dépouillèrent, estropièrent les autres, firent couler du sang, & dispersèrent l'assemblée.

Et la loi fut vaincue par la violence : car le peuple, dans l'avilissement de ses chefs, se détache de leur parti, mais non pas parce qu'il differe d'opinion avec eux, & seulement entraîné par ces considérations timides qui détachèrent Octavius du parti de son collègue Tibérius, je veux dire, par la mauvaise honte.

Je ne veux point passer sous silence une remarque qui se présente à mon esprit ; c'est que l'avilissement des Tribuns ne nuisoit pas à la liberté de Rome, & qu'elle n'en montroit pas un front moins terrible aux puissances de l'Italie. Les Tribuns étoient une sorte de magistrats isolés qui, par la nature même de leur magistrature, tendoient à opprimer le Sénat ; & leur avilissement n'étoit qu'un avilissement de circonstances, qu'un ressort politique entre les mains du gouvernement.

Si Rome eût été constituée comme Athènes, si ses démagogues n'eussent pas été distingués de ses Consuls, de ses Sénateurs & de ses autres magistrats, leur avilissement eût rejailli jusque sur elle ; sa splendeur se fût effacée avant d'être arrivée à son dernier terme ; elle se fût arrêtée d'elle-même dans son mouvement progressif sur la surface du monde connu ; loin de dévorer Carthage, elle en eût été dévorée ; & l'on eût vu, quelques siècles plutôt, la civilisation & l'impuissante vieillesse des nations de l'europe.

Ce qui vient à l'appui de mon assertion, c'est qu'Athènes, au plus haut point de la gloire avant l'avilissement de ses magistrats, se courba sous le joug de Lysander, dès qu'elle eut lancé sur eux les traits du ridicule & du mépris. Un sort pareil attend les peuples imitateurs de l'insanie des Athéniens.

CHAPITRE XXV.

Comment les Royalistes mettent le peuple dans leur parti.

Nos peuples policés de l'europe ressemblent aux Athéniens par quelque côté. Le ridicule, de folles scènes dérident leur front, même sous le joug & l'oppression, leurs

maux duſſent-ils s'accroître par leurs folies !
Témoins les Anglais qu'on n'accuſera pourtant pas d'être un peuple frivole.

Le jour de l'entrée de Monk dans Londres fut célébré par des acclamations unanimes ; & le ſoir de ce jour fortuné fut marqué par une fête. Le conſeil commun diſtribua parmi le peuple quelques émiſſaires pour le porter à de ridicules folies, & le préparer ainſi de loin au grand œuvre du rétabliſſement de la royauté. Des feux de joie élancèrent ſur toute la ville leurs flammes ondoyantes. Des croupions de volailles entaſſés auprès de ces feux pêle-mêle, avec des morceaux de chair qui en avoient reçu la forme, y furent jettés avec une ſolemnité burleſque, & au milieu de ce cri de ſcandale « *Funérailles du parlement* » ; & Charles Stuart fut ſalué tout haut de quelques toaſts contre-révolutionnaires. Cependant pas un royaliſte d'entre les hommes de bien n'oſa, dans l'incertitude des événemens, répéter ces toaſts bien aimés : il leur ſuffiſoit d'avoir attaché le peuple à leur cauſe par cette ſcene tout-à-la-fois riſible & contemptrice. C'étoit-là le *nec plus ultrà* de la prudence dans les circonſtances actuelles, du moins ils le jugeoient ainsi, & certes ils jugeoient bien. Toutes les fois, dit un ancien dont l'autorité est assurément de quelque poids, toutes les fois que le peuple a suivi le parti des riches ou des notables d'une cité, il a couru de lui-même au-devant du joug, de la misère & de la mort. Les Béotiens, ajoute-t-il, en sont un exemple. Ils n'eurent pas plutôt accueilli les riches Milésiens, que ceux-ci les trahirent & massacrèrent le peuple. L'Angleterre a, dans nos temps modernes, donné à la postérité le même spectacle que les Béotiens. Le Rump qu'elle avoit livré à l'humiliation, s'efforça inutilement de détourner de sa tête un avenir menaçant : il arriva pour lui & sa faction, entouré d'un horrible cortège. Régicides farouches, républicains par principes ou par enthousiasme, & leurs coopérateurs, soit d'action, soit d'inertie, ils furent tous, amnistiés, ou non, condamnés à la mort, à l'exil, aux fers ou à l'opprobre ; & l'Angleterre se vit replacée sous un sceptre de fer qu'elle appesantit sur elle-même, en suivant processionnellement, au milieu des acclamations & des insultes de tout genre, les cadavres de Cromwel, d'Ireton & de

Bradshaw, exhumés à deffein d'achever de donner à la multitude l'impulfion convenable à la nature du gouvernement defpotique de Charles II.

CHAPITRE XXVI.

Que ce n'eft pas affez pour les Royaliftes de mettre le peuple dans leur parti, qu'il faut encore épurer les chefs de l'armée.

Monk que les reftaurateurs d'une monarchie doivent fe propofer pour modèle, n'eut pas plutôt vengé le peuple Anglais des violences du Rump, que, jettant des yeux inquiets fur fon armée, il vit dans l'éloignement, quoique actuellement entouré de la confidération publique, la défection de la plûpart de fes officiers & de fes foldats, fes trophées renverfés par Lambert, & la multitude, transfuge de fon parti, revoler fous les drapeaux de fon ennemi. Cette perfpective que lui préfenta fon imagination, loin de porter dans fon ame le repentir & la frayeur, augmenta fon énergie : il s'élança par fa prudence jufque dans l'avenir,

& il y fixa sa fortune. Une adresse d'adhésion & d'obéissance aveugle à tous les actes du parlement suivant, rédigée & signée, à son instigation, par quelques officiers dévoués à sa cause, fut envoyée par lui à tous les chefs de l'armée, pour être couverte de leurs signatures individuelles ; & il destitua tous ceux d'entre eux qui s'y refusèrent.

C'est ainsi qu'il plaça dans le temps présent les temps qui devoient le suivre, je veux dire le génie de la monarchie au sein de la république même.

J'observe ici que Monk avoit la direction suprême de la force armée, & que le Sénat n'étoit qu'une ombre mobile qu'il projettoit à son gré par-tout où il le vouloit ; que chez un peuple, au contraire, où le gouvernement, constitutionnellement organisé, reposeroit entre les mains de magistrats républicains, ce seroit au Sénat armé de toute la force de l'autorité législative à leur substituer des Monk : rien n'est plus facile ; car il n'y a pas de magistrats dont la vie publique, quelque pure qu'elle ait été, ne puisse fournir matière à un décret d'accusation bien vigoureux & bien motivé.

CHAPITRE XXVII.

Complément de la mesure de Monk.

SYRACUSE, depuis la mort d'Agathocles, n'avoit cessé de rouler de révolution en révolution : elle étoit prête à se dissoudre dans le tumulte de l'anarchie, lorsque le peuple, uni à la fin de sentimens avec l'armée, se donna pour chef Hiéron. Cet homme habile, investi de la puissance civile & militaire, mit tous ses soins à réordonner la république. Il avoit observé que le germe des dissentions civiles étoit dans le sein de ces soldats mercenaires, qui ne tiennent à la patrie que par les liens des calamités dont elle est la proie ; & il pensoit qu'il ne pourroit l'étouffer que par leur extermination générale. Dans cette persuasion, il se détermina à ce forfait politique qui répugnoit à ses mœurs, mais dont dépendoient, selon son opinion, le salut public & sa sûreté propre. Il prétexta une guerre contre les Mamertins : il marcha contre eux. Arrivé en présence de l'ennemi, il partagea son armée en deux corps, l'un de Syracusains

& l'autre de mercenaires ; ordonna à ceux-ci de commencer l'attaque, & se mit à la tête des Syracusains, comme pour les soutenir. Les mercenaires chargèrent les Mamertins avec beaucoup de valeur : ils vendirent cher leur vie ; mais ils périrent tous accablés par le nombre, & abandonnés par les Syracusains à la rage du vainqueur.

Hiéron jetta sur leurs cadavres ensanglantés les fondemens de son autorité royale.

Les Levellers de l'armée d'un Cromwel sont les agitateurs de l'armée d'Hiéron.

CHAPITRE XXVIII.

Qu'il n'est plus temps de s'armer quand on n'a plus le pouvoir, ou qu'on est près de le remettre.

Si, comme l'éprouvèrent les Tribuns de Rome avant & après les Décemvirs, la force du pouvoir qui touche à son terme, est languissante ; si, comme l'expérimenta le Rump au milieu du 17e. siècle, elle est même tout-à-fait énervée, le sort des Gracques attend inévitablement les chefs du parti populaire, qui tentent de remonter de l'état de foiblesse dans lequel ils se sont laissés tomber, à leur premier état de puissance & de domination.

Après la dissolution du vieux parlement par la volonté de Monk & par le moyen des membres exclus, un extrême désespoir s'empara de tous les Sénateurs régicides ; & leurs coopérateurs, de même que leurs instrumens, ne virent plus devant leurs yeux que des gibets, la mort & l'ignominie. Dans le désir de conjurer l'orage qui se formoit sur leurs têtes, à l'approche des élections, & qui alloit leur apporter une destruction prompte & certaine, le Rump & les Cromwellistes se rattachèrent ensemble par les liens d'un intérêt commun : ils se coalisèrent contre la convocation du nouveau parlement, dont les membres désignés se disputoient déjà chaudement dans leurs comités respectifs à qui serviroient le mieux la cause de Charles Stuart. Ils mirent dans leur parti les officiers & les soldats de l'armée, irrités d'avoir fui de leurs quartiers dans le Strand, dans Westminster & aux environs de Londres, chassés par Monk, & marqués, comme on le leur insinuoit, non

sans

sans fondement, pour être immolés en sacrifice aux manes des royalistes qui avoient péri dans les combats civils. Les soldats du général avoient les mêmes sujets de crainte & de frayeur; & ils portèrent dans leurs esprits les mêmes insinuations. Par-tout leur influence avoit survécu à leur pouvoir. Par eux, Lambert s'ouvrit les portes de sa prison, malgré la vigilance de ses gardes. On crut un moment que le génie de la république alloit faire tomber à ses pieds les royalistes éperdus, prosternés & supplians : mais Lambert n'étoit, comme les régicides, qu'un simple particulier; mais dans l'état où étoient les choses, trahir un chef républicain, étoit une vertu civique; & il fut lâchement trahi, & son parti fut dispersé par le glaive foudroyant de l'autorité publique.

Je termine ce chapitre en répétant ce cri d'un livre sacré : « que celui-là m'entende » qui a des oreilles pour entendre »! Il n'est plus temps de s'armer lorsqu'on est près de déposer le pouvoir; & lorsqu'on ne l'a plus, il en est moins temps encore. L'armée Romaine attendit, pour se venger des Décemvirs, qu'elle se fût créé des Tribuns.

H

CHAPITRE XXIX.

De Monk & de ce qui seroit arrivé, s'il eût accepté le protectorat des mains des Républicains.

MONK n'avoit pas cette prudence née de l'instruction qui juge l'ensemble des faits que l'histoire présente aux méditations de l'homme. La fortune l'avoit placé dans les mêmes circonstances qu'Auguste ; mais il n'avoit ni la jeunesse, ni l'audace, ni les lumières du vainqueur de ces factions puissantes, dont Brutus, Cassius & Sextus Pompéius furent les héros avec Antoine & Lépidus ; & c'est pour cela, sans doute, qu'il se détermina à ne pas prendre le rôle de l'empereur Romain.

S'il est vrai que le général Anglais ne réunissoit pas la perfectibilité de la prudence, il ne l'est pas moins qu'il avoit acquis de l'expérience celle qui juge les faits partiels que les événemens développent sur-tout à l'observateur intéressé. Il comprit que les républicains ne vouloient l'armer de l'autorité suprême que parce que l'avenir se présentoit à eux sous des formes lugubres, & qu'il n'eût été dans leurs mains qu'un instrument dont ils se fussent servi pour couper les têtes de leurs ennemis, & qu'ils n'eussent pas manqué de briser aussitôt que leur autorité eût été affermie.

Un seul moyen l'eût rendu maître de son destin, le massacre du Rump & de l'armée de Lambert: mais comment chez une grande nation frapper d'un seul coup des ennemis disséminés ? Car des coups isolément portés retombent sur la tête de leurs auteurs. Ce moyen, extrêmement hasardeux, n'eût pas été d'ailleurs en son pouvoir ; Monk eût été plus limité dans son autorité, que les rois de Sparte; le Rump n'eût cessé de lui montrer le front menaçant des Ephores ; il n'eût pu laisser même percer le dessein de constituer une tyrannie temporaire, ou bien il eût eu le sort d'Agis [i].

Dans cette conviction intime, il aima mieux sacrifier à sa sûreté qu'à une ambition meurtrière : il ne songea qu'à rétablir

---

[i] Les Ephores le massacrèrent comme un tyran, parce qu'il avoit voulu ramener à leur pureté les institutions de Lycurgue.

les Stuart sur leur trône abandonné; & le succès couronna ses efforts.

CHAPITRE XXX & dernier.

Des Peuples modernes de l'europe.

J'AI passé le globe en revue : je n'ai vu presque sur toute sa surface que des peuples policés & corrompus, ou grossiers & corrompus de même.

Et mes pensées tristes & chagrines se sont étendues jusque dans l'avenir; & j'ai déploré le sort de la postérité de ces peuples, sur-tout, qui, s'étant placés sous des rois au plus haut point de la gloire dans les armes, dans les sciences & les arts, oseront représenter sur la scène du monde ce drame révolutionnaire donné par les Anglais dans le 17e. siècle, & dont le dénouement a offert en spectacle la mort ou l'opprobre de tous les personnages, & le rétablissement de l'ancienne monarchie.

Mais à l'aspect du peuple Chinois, les affligeantes idées que mon imagination avoit imprimées sur mon ame, prirent une teinte douce & mélancolique. Je me plaifois à confidérer l'antique édifice de fon gouvernement. Telles étoient, me difois-je, les formes paternelles & majeftueufes du gouvernement & des Spartiates régénérés par Lycurgue, & des Athéniens après l'expulfion immédiate des fils de Pififtrate, & des Romains fous fes premiers Tribuns. Dans Sparte, dans Athènes & dans Rome, comme à la Chine encore aujourd'hui, les fciences & les arts étoient à leurs berceaux, les vertus & les talens veilloient au falut de la république; & les peuples non moins crédules, non moins fuperftitieux peut-être que les non lettrés de l'empire Chinois, mais dont la tête fe levoit vers le ciel, & plus libre & plus fière, avoient cette même modeftie civile, cette même pudeur nationale, qui les pénétroit d'un refpect religieux pour les loix & pour les magiftrats. Ah! d'où vient que l'abyme des temps a dévoré ces républiques célèbres, & que la Chine roule, fi j'ofe le dire, depuis la création du monde, avec le torrent des fiècles, fans en être fubmergée.

Je méditois & j'en cherchois les caufes, lorfque m'apparut tout-à-coup le génie de la nature, ce génie puissant que les anciens ont appelé destin, & dans lequel les sages n'ont vu que l'amour de soi, qui, modéré & également modifié dans tous les citoyens, porte la patrie à un état de dignité, de splendeur & de gloire ; qui, immodéré, ou inégalement modifié, la conduit de révolutions en révolutions, & la fait descendre au dernier terme de l'avilissement & de l'humiliation. Jeune homme, me dit-il, écoute, & que mes paroles t'instruisent. L'homme est le produit de son éducation, & l'éducation dans une harmonie inaltérable avec les lois, ou en discordance avec elles, éternise les gouvernemens, ou les mène à une dissolution quelquefois lente, quelquefois prompte, & toujours inévitable. Dans Rome, l'éducation, isolément envisagée, paroissoit n'être que particulière ; mais, considérée dans son ensemble, elle étoit vraiment nationale, adaptée au génie du gouvernement & aux institutions de la république : elle fut ce levier robuste qui éleva le peuple Romain, au milieu de ses agitations & de ses dissentions vertueuses, sur les ruines de tous les peuples de l'univers. Du temps des Gracques, les principes sur lesquels reposoit l'éducation étoient déjà corrompus ; mais lorsque les Rhéteurs latins se furent établis dans Rome, l'enseignement & les écoles ne furent plus ni l'enseignement ni les écoles consacrés par les ancêtres & le gouvernement : Rome fut perdue ; & il ne sortit plus de ses flancs dégénérés que des orateurs, des factieux, des ambitieux, des scélérats, des tyrans, des poëtes, des philosophes, & tous les maux de l'athéïsme & de la superstition. En vain Crassus fit fermer ces écoles pernicieuses : il ne put arrêter la marche de la patrie vers sa décadence & sa ruine.

Dans Athènes, comme dans presque toute la Grèce, les enfans d'un homme libre étoient confiés aux soins d'un homme qui ne l'étoit pas, ou qui ne méritoit pas de l'être. Des maîtres mercenaires y enseignoient la politique, la morale & l'histoire, moins conformément au génie du gouvernement qu'à leur génie propre : il s'ensuivoit que la jeunesse Athénienne ne recevoit ni les mêmes sentimens, ni les mêmes principes. Ce n'étoit pas dans un respect religieux des institutions qu'elle étoit élevée, mais dans la cupidité du pouvoir & le désir de la renommée : delà l'esprit inquiet & révolutionnaire des peuples Grecs, leurs continuelles mutations de gouvernement, & cette funeste émulation d'homme à homme, de république à république, qui engendra leur gloire aussi bien que leur avilissement, selon les temps de leurs vertus ou de leurs vices.

Dans Sparte, l'éducation étoit en contradiction avec les lois : elle développoit dans les citoyens les sentimens du désir & de la crainte en sens inverse de la législation ; & tandis qu'elle resserroit leur civilisation dans un cercle extrêmement étroit, & resté infranchi dans tous les temps, la valeur placée dans leur législation, à la tête des vertus, les portoit en armes, loin de la patrie, par toute la Grèce & jusqu'en Asie d'où ils rapportèrent à la longue la soif de l'or & de la domination, & cette corruption qui les conduisit de l'état de force & de liberté à l'état de foiblesse & d'oppression, & de l'oppression à la servitude.

L'impression, dans les esprits des peuples Chinois, de l'amour de la constitution par le moyen d'une éducation nationale, l'inculcation par elle encore des principes qui doivent à jamais régler leurs vertus, leurs opinions, leurs sentimens, leurs mœurs & leurs manières, & l'harmonie de l'éducation avec l'esprit des lois : voilà les causes de l'immense durée de leur gouvernement.

Mais lorsque le gouvernement laissera se corrompre les principes de l'éducation, & qu'elle cessera d'être commune, il marchera vers sa destruction, il tombera comme ceux de Sparte, d'Athènes & de Rome. Jeune homme, écoute encore : Sparte réveille en moi quelques idées dont je veux te faire part. Le développement des sentimens du désir & de la crainte chez les peuples modernes qui se réveillent à la liberté, est de même en sens inverse de l'esprit des lois nouvelles ; c'est ce qui les empêche de se lever en masse contre la tyrannie de leurs gouvernemens vieillis ; & c'est ce qui place leurs régénérateurs, au milieu des factions, entre la mort & l'immortalité. A ces mots, il disparut ; & je retombai plus pensif & plus sombre dans la mélancolie qui m'avoit saisi tout entier.

Ainsi, m'écriai-je, la régénération de nos peuples modernes de l'europe ne peut s'opérer qu'à travers des fleuves de sang, que comme la récréation du monde de

Sanchoniaton, au milieu des tonnerres, des éclairs & des foudres. Ah ! la vertu osera-t-elle jamais entreprendre cette incertaine & trop terrible régénération !

F I N.

www.ingramcontent.com/pod-product-compliance
Lightning Source LLC
Chambersburg PA
CBHW070528100426
42743CB00010B/1999